BLOCKCHAIN

RESHAPE THE ECONOMY AND THE WORLD

区块链

重塑经济与世界

徐明星 刘勇 段新星 郭大治 - 著

中信出版集团 · CHINACITICPRESS · 北京

图书在版编目（CIP）数据

区块链：重塑经济与世界 / 徐明星等著．—北京：
中信出版社，2016.6（2020.6重印）
ISBN 978-7-5086-6211-4

Ⅰ.①区… Ⅱ.①徐… Ⅲ.①电子商务—支付方式—
研究 Ⅳ.①F713.36

中国版本图书馆 CIP 数据核字（2016）第 102180 号

区块链：重塑经济与世界

著　　者：徐明星　刘勇　段新星　郭大治
策划推广：中信出版社（China CITIC Press）
出版发行：中信出版集团股份有限公司
（北京市朝阳区惠新东街甲 4 号富盛大厦 2 座　邮编　100029）
（CITIC Publishing Group）
承 印 者：北京诚信伟业印刷有限公司

开　　本：787mm ×1092mm　1/16　　印　　张：14.5　　字　　数：240 千字
版　　次：2016 年 6 月第 1 版　　印　　次：2020年 6 月第23次印刷
广告经营许可证：京朝工商广字第 8087 号
书　　号：ISBN 978-7-5086-6211-4
定　　价：58.00 元

前 言

2008 年，一个神秘的人物，直至今日只闻其名未见其人的“中本聪”通过一篇未在任何学术期刊上公开发表的神秘论文，把比特币带到这个世界。诞生于虚拟世界的比特币代表了人类对于数学算法的一种共识，基于这种共识机制，即使没有任何政府信用背书，比特币仍然获得了世人的认可，不论是从最初几十个比特币换取一份比萨，还是 2013 年 12 月 1 日，比特币的单价超越一盎司黄金的价格，比特币都在向世人展示其作为价值尺度的一面。尽管比特币价格的暴涨暴跌使其减弱了在更大范围内作为货币应用的可能，但比特币向世人展示了一种不需要中介却可以实现价值传递的可能性。这种可能性就是区块链。

正如梅兰妮 · 斯万（Melanie Swan）指出的那样，比特币和区块链包括三个层次的内容：区块链底层技术、协议和加密数字货币。区块链技术是点对点通信技术和加密技术的结合，基于区块链技术生成的区块链本质上是一个去中心化的分布式账本数据库；在这个数据库的基础上可以开发出数目繁多的应用，这些应用通过协议层面建立共识机制实现各种功能；最后在应用层面，客户可以实现无需中间权威仲裁的点对点的交互，当然包括比特币。有人用“组织形式上的去中心化和逻辑上实现完美一致性的技术”来形容区块链技术，也有人用“下一代全球信用认证和价值互联网的基础协议之一”来阐述区块链的特点，总体而言区块链技术的应用主要包括如下内容。

一是金融产品创新。由于金融产品基础结构的主要内容就是关于参与各方权利义务的约定，货币、债券、股权等各类金融产品都可以通过协议层建立共识机制形成与传统金融产品类别相对应的创新金融产品。由于区块链形成了可以独立存在的共识机制，因此区块链技术具有自动执行协议的功能，人们将此类协议归类为智能合约。智能合约实施的基础是共识机制而非中心化的验证，使得智能合约的执行成本降到最低、执行效率大大提升。基于智能合约运行的创新金融产品具有高透明度、高安全性、高效率的显著特征。基于上述优势，区块链技术对金融行业的改变将是颠覆性的，现有金融体系中的一些角色将不再需要，金融中介的职能也将发生深刻变化。

二是金融基础设施的变革。区块链本身就是一个数据库，基于点对点的通信技术和加密技术使数据库的组织形式更具开放性和可追溯性。在区块链技术的基础上，每个数据节点都可以参与验证账本内容的真实性和完整性，相当于通过提高系统的可追责性降低系统的信任风险。这一特性使得区块链在征信、审计、资产确权等方面具有显著的优势，从而间接提高金融体系的运行效率。

三是智能物联网。由于区块链形成了独立运行的共识机制，区块链技术可以应用于物联网的数据处理和系统维护领域。比如已经有机构提出要使用区块链技术管理上百亿个物联网设备的身份、支付和维护任务。利用区块链技术，物联网设备生产商能够极大地延长产品的生命周期和降低物联网维护的成本。

四是共享经济的技术基础。区块链去中心化的共识机制使得计算服务的应用范围大大延伸。尽管电子支付技术的发展大大降低了支付的成本，但现有支付业务模式下极小金额的支付比如低于0.01元的支付成本仍然非常高。有公司正在开发一种基于区块链的微支付技术，为每个人的电脑利用闲置计算能力从事挖矿、存储等工作提供计量工具。这种计量服务正是多种共享经济的前提，将大大拓宽共享经济的深度和广度。

综上所述，区块链技术的主要优势在于基于分布式网络形成的共识机制，分布式网络使得基于区块链的应用具有明显的开放性和可拓展性，这样会使一些商业模式的门槛可以降得很低，甚至产生全新的商业模式；共识机制的独立存在使合约的执行成本降到最低，执行效率大大提升，计算服务的范围也大大提升。

全球正在掀起一股区块链的热潮。来自学术界和科技界的各种力量投身区块链的开发和创业大潮之中，也诞生了一批非常有创新意识的创业公司，成为 Fintech（金融科技）中的一股重要力量；到 2015 年底，已经有超过 20 家全球顶级的金融机构、风险基金高调宣布参与各种区块链应用开发项目。当然，我们也必须要清醒地看到，区块链技术的发展不论在国际还是在国内都尚处在早期阶段，各种技术方案和商业模式等都需要进一步地探索和实践。特别是在我国，区块链作为一个全新的概念和理论，人们的认知、研究和实践刚刚起步，要想在这一领域积累优势，引领世界，还需要足够的重视，更多的投入，需要理论研究者、网络技术者、金融从业者，以及政府监管部门的积极投入和良性互动。正是在这样的大背景下，《区块链：重构经济与世界》的出版正好填补了国内关于区块链技术特点和应用分析的空白，希望此书的出版为我国区块链技术的开发应用提供一定的参考和借鉴。

目　录

第一章

探寻区块链的源头

——“重回拜占庭”

每一个时代都有自己值得骄傲的技术，无论是晶体管、激光、互联网，还是载人航天飞机。近10年中，金融网络领域最具颠覆性、最闪耀的技术发明莫过于区块链。无论是与数字货币一道横空出世，继续发力衍生出智能合约，还是可预见的未来，不断重塑整个金融世界，都使它的夺目光芒无法掩盖。然而究其源头，我们不得不追溯到“拜占庭将军问题”和“双花问题”。后者比较简单，即如何杜绝非实体货币的再次被使用，或者是双重支付（只要引入盖时间戳的电子签名就能解决）。而前者，“拜占庭将军问题”则看起来费解且扑朔迷离，但我们又不能回避，因为它是整个区块链技术核心思想的真正根源，也直接决定了区块链技术的种种与众不同的颠覆性特质。

在某种程度上，问题比答案更重要。很难想象：如果没有“拜占庭将军问题”，没有它揭示出在人类散兵游勇的状态下，永恒的“共识”困境，那么对于这种困境的反思和探索便无法成为可能，逃离困境到达光明之地也无法成为可能。所以在我们向伟大的“答案”——区块链致以敬意之时，请不要忘记它的源头，不要忘记拜占庭。

拜占庭将军的难题

古老的“拜占庭将军问题”

让人生，让人死，让人痴迷，让人疯狂。

这就是传说中繁华与没落，绝望与救赎并存的东罗马帝国首都，拜占庭。

在2013年获得计算机科学领域最高奖项图灵奖的41年前，1972年，莱斯利·兰伯特（Leslie Lamport）搬到湾区。此时，他仍然是一个寂寂无闻的美国小伙。他充当Compass（马萨诸塞州计算机合伙人公司）西海岸计划前哨基地的先锋，不幸的是，这个分支机构最终未能落实。在长达5年的时间里，他曾是Compass总部派驻加州的唯一员工。最后，他却收到撤回东海岸的指令。于是，他决定加入斯坦福国际研究院（SRI）。在那段岁月里，SRI有一个项目，要在美国航空航天局建立容错型航电计算机系统。考虑到系统的工作性质，故障是不允许发生的。这段经历孕育了两篇旨在解决一种特殊故障的论文，由兰伯特和SRI同事马歇尔·皮斯（Marshall Pies）及罗伯特·肖斯塔克（Robert Shostak）合作完成。用计算学术语说，普通故障可能会导致信息丢失或进程停止，但系统不会遭到破坏，因为这种普通故障属于一出错就会停下来的故障类型，剩下的备份的、正常的部分照样可以运转，发挥作用。就像战场上的士兵，他们一旦受伤或阵亡就停止战斗，但并不妨碍他人继续作战。

然而一旦发生“拜占庭故障”，就会非常麻烦，因为它们不会停下来，还会继续运转，并且给出错误讯息。就像战争中有人成了叛徒，会继续假传军情，惑乱人心。当时为了解决这个问题，常常使用的技术被称为“三重模块冗余”：也就是说使用三台计算机进行万一出错的备份工作，三台独立的计算机按照少数服从多数的原则“投票”。这样，即使其中一台机器提供了错误结果，其他两台仍然会提供正确答案。但是为了证明这种方法的有效性，必须拿出证据。而在编写证据的过程中，研究人员遇到了一个问题：“错误”计算机可能给其他两台计算机发送互不相同的错误值，而后者却不会知道。这就需要使用第四台计算机来应对这个故障。

兰伯特说：“如果你使用数字签名，就可以用三台机器达成目的，因为如果‘坏了’的计算机向一台计算机发送了带签名的错误值，并向另一台发送了不同的带签名错误值，另外两台计算机就能够交换消息，以检查究竟发生了什么情况，因为两个不同的值都是签名发送的。”兰伯特还听吉姆·格雷谈论过另一个性质大体相同的问题，人们称之为“中国将军问题”。这引起了兰伯特有关司令将军和叛徒将军的联想，于是他将这个问题及其解决方案命名为“拜占庭将军问题”。

“我记得，与我的朋友怀特·迪菲（White Duffy）坐在伯克利的一间咖啡馆里，当时他描述了一个构建数字签名的问题。”兰伯特回忆说，“他说：‘如果能办到的话，会非常有用。’我说：‘这听起来并不很困难。’于是在一张餐巾纸上，我为他勾画出了第一种数字签名算法。虽然当时并不很实用，但目前已经变得切实可行。”只可惜那张餐巾纸已经消逝在时间的流沙中。在后来1982年正式出版的拜占庭将军论文的序言中，他这样写道：

> “我一直觉得正是因为通过用一组围坐在圆桌旁的哲学家来表述，Dijkstra（迪克斯塔）的‘哲学家就餐问题’才变得如此让人关注（比如在理论界，它可能比‘读者/作者’问题都引人注目，尽管读者/作者问题可能更具实际意义）。我认为Reaching Agreement in the Presence of Faults（达成共识的缺陷）中所描述的问题十分重要，值得计算机科学家们去关注。‘哲学家就餐问题’使我认识到，把问题以

讲故事的形式表达出来更能引起人们的关注。在分布式计算领域有一个被称作‘中国将军问题’的问题。在这个问题中，两个将军必须在进攻还是撤退上达成一致，但是相互只能通过信使传送消息，而且这个信使可能永远都无法到达。我借用了这里的将军的叫法，并把它扩展成一组将军，同时这些将军中有些是叛徒，他们需要达成一致的决定。同时我想给这些将军赋予一个国家，同时不能得罪任何读者。那时候，阿尔巴尼亚还是一个完全封闭的国家，我觉得应该不会有阿尔巴尼亚人看到这篇文章，所以最初的时候这篇论文题目实际是 The Albanian Generals Problem（阿尔巴尼亚将军问题）。但是 Jack Goldberg（杰克·古登博格）后来提醒我，在这个世界上除了阿尔巴尼亚之外还有很多阿尔巴尼亚移民，所以建议我换个名字。于是就想到了这一更合适的叫法——Byzantine generals（拜占庭将军）。"

写这篇论文的最主要目的是将拜占庭将军这个叫法用在这个问题上。基本的算法文章在 1980 年的论文中就已经出现了。

起源：拜占庭位于现在土耳其的伊斯坦布尔，是东罗马帝国的首都。由于当时拜占庭罗马帝国国土辽阔，为了防御敌人每个军队都分隔很远，将军与将军之间只能靠信差传消息。在战争时期，拜占庭军队内所有将军和副官必须达成一致共识，决定是否有赢的机会才去攻打敌人的阵营。但是，军队可能有叛徒和敌军间谍，左右将军们的决定，扰乱军队整体的秩序。在达成共识的过程中，有些信息，往往并不代表大多数人的意见。这时候，在已知有成员谋反的情况下，其余忠诚的将军在不受叛徒的影响下如何达成一致的协议，就是“拜占庭将军问题”。

两军问题：军队与军队之间分隔很远，传递信息的信差可能在途中阵亡，或因军队距离不能在得到消息后即时回复，发送方也无法确认消息确实丢失的情形，导致不可能达到一致性。在分布式计算上，试图在异步系统和不可靠的通道上达到一致性是不可能的。因此对一致性的研究一般假设信道是可靠的，或非异步系统上运行。①

“拜占庭将军问题”在通信领域的意义

“拜占庭将军问题”并非如传说中那样，源于公元 5 世纪的东罗马战场，而是产生于 1982 年一位美国计算机科学家的头脑当中。因此，我们不会使用任何 1982 年之前的案例来描述这个问题在古老年代的意义，因为再往前追溯，它并未真正、严肃地被提出并加以审视。

在原始的战争年代，将军与将军、将军与下属间只能采用原始的方式——“出行靠走，通讯靠吼”的口头传输。这对应兰伯特论文提出算法中的第一部分的口头消息算法，简称 OM（m）算法。这种情形，真伪很难辨别，只有当叛徒的总数不超过将军总数的 1/3，成为一个特殊的“拜占庭容错系统”时，才能在很大的消息验证代价后，实现最终的一致行动。这个结果非常令人惊讶，如果将军们只能发送口头消息，除非超过 2/3 的将军是忠诚的，否则该问题无解。尤其是，如果只有三个将军，其中一个是叛变者，那么此时无解。但这样的错误，这样的有意、无意的“叛徒”却可能经常出现。无论是我们把“叛变的将军”替换成以下哪种，该问题都成立。

- 一个出故障的，向其他计算机不停发出不同错误信息的服务器；
- 一份为获取暴利而做出来的金融票据；
- 一份失效的医疗纠纷合同；
- 一份含混不清的保单；
- 一个可以发出消息，做出行动的错误信息节点。

而这里，每一个错误节点可以做任意事情：不响应；发送错误信息；对不同节点发送不同决定；不同错误节点联合起来攻击其他节点等。没准会出现比这更严重、更荒谬的错误。

---

① 来自维基百科。

如果说“叛变的拜占庭将军”是我们社会中各种类型的信息节点的隐喻，那么“拜占庭将军问题”所描述的情景，这样一个进攻/撤退命令极难验证真伪的中世纪战场，则无疑是我们当今越发缺乏中心化的、难以判别信息与产生信任的社会的极度悲观的隐喻。

用算法解决难题——区块链技术的雏形

构造出一个完美的、可以解决问题的“拜占庭容错系统”是一个不小的挑战。而且构造出来以后，其是否真的有效，能否经得起时间的考验与各方的质疑，这些都关乎着这个系统未来的命运与其创造群体的声誉。

2008 年冬季，美国 MIT（麻省理工学院）的密码学及密码学政策战略的邮件讨论组中，一位澳大利亚的企业家 James A Donald（詹姆斯 · A. 唐纳德）就对一位声称构造出了一个点对点的、不需要第三方权威认证的 e－cash（电子现金）支付系统提出了质疑。而他的理由就是：对方设计的 P2P 系统不能够解决“拜占庭将军问题”。

在邮件中他挑剔地说道：“我们的确真的非常非常需要这个系统，但我所担忧的并不是信任的问题，而是如何获取一个全局共享的图景，借由此点而获取一致性的问题。每个人都知道 X，这并不足够。我们需要让每个人都知道‘每个人都知道 X’。而每个人都知道‘每个人都知道 X ’就是‘拜占庭将军问题’中，分布式的数据处理最难解决的问题。尤其是当 X 是非常庞大的数据时……”言下之意，他并不清楚或不确信这个去中心化的系统，如何解决拜占庭将军的难题。

仅仅在一天之后，他就收到了原作者的回复，一封简洁、优雅的邮件解释了在这个系统中，破解“拜占庭将军问题”的算法。[①]

> “工作量证明链”（ proof－of－work chain）正是我解决“拜占庭

① 在数学和计算机科学之中，算法为一个计算的具体步骤，常用于计算、数据处理和自动推理。

将军问题”的方案。我将在那个语境中对它进行重新表述。

一群拜占庭将军，人手一台电脑想用字符串模式匹配的方法，暴力破解国王的Wi-Fi密码，当然他们已经事先获取了组成密码的字符串的长度。一旦他们开始模拟网络发送数据包，他们必须在一个限定的时间内完成破解工作，并清除服务器和电脑上的记录，否则他们就会被发现，那就麻烦了。只有当绝大多数将军在同一时间发起攻击和破解，这样才能有足够的CPU（中央处理器）和计算能力在短时间内完成破解工作。

他们并不特别在乎什么时候开始攻击，只要他们全部同意就好。一开始的时候，大家决定这样搞：任何人觉得时机到了都可以宣布一个攻击时刻。而且，不论是什么时候，只要是第一个被听到的攻击时刻，就将被确定为官方的攻击时刻。这样的话问题又来了，因为网络传达有延迟和干扰，如果有两个将军差不多同一时间公布了两个不同的攻击时刻，那么有的人会最先听到其中一个将军发布的攻击时刻，而又有些人则会最先听到另外一个将军发布的攻击时刻。

他们使用一个“工作量证明链”来解决这个问题。当每个将军接收到任何表达形式的第一个攻击时刻时，他都会设置他的计算机来求解一个极其困难的“工作量证明”问题，对这个问题的解答是一个哈希（Hash）散列，里面也将包含着这次的攻击时刻。由于这个“工作量证明”问题，非常难解，一般而言，就算所有人收到这个问题后同时求解，也至少需要10分钟才能产生解答。一旦一个将军解出了“工作量证明”，他将会把这个算出来的“工作量证明”向整个网络进行传播，每一个接收到的人，将在他们当前正在做的“工作量证明”计算的散列中附加上刚刚被求解出来的那个工作量证明。如果任何人正在计算他收到的其他的一个不同的攻击时刻，他们将会转向新的更新后的“工作量证明”计算当中，因为他现在的“工作量证明链”更长了。

两个小时后，将有一个攻击时刻被散列在一个有12个“工作量证明”的链中。每个将军只要通过验证（这条工作链的）计算难度，就能估算出平均每小时有多少CPU算力耗费在这上面，也就会知道：这一定是在分配的时间段内，绝大多数将军的计算机共同协作才能生成的结果。如果“工作量证明链”中展示出来的算力足够强大，可以破解国王的Wi-Fi密码，那么他们就可以在一致同意的时间内安全地展开攻击。

同步、分布式数据库和一个一致的、全局性的视野的问题如何解决？“工作量证明链”就是答案。

我们可以看到这封邮件解决了下面几个问题：

（1）引入一个困难的、需要10分钟求解的工作量计算，限制了网络中每个时刻中被提出的进攻时刻数目。

（2）将所有求解出的“工作量证明”都逐一加入，形成一个越来越长的链条，一个记录着所有“参与着攻击时刻哈希计算的将军、计算的‘工作量证明’、关于‘工作量证明’的计算的总体名录”。

（3）基于这条长链得出安全的进攻时刻的答案。

最后，请各位读者注意这封解释邮件头上的内容：

日期：2008 **年** 11 **月** 14 **日** 06：56：55（GMT+8）

邮件作者的签名：Satoshi Makamoto

区块链之父——中本聪

神秘的中本聪，神秘的论文

上一节中，用“国王的 Wi-Fi”解释“拜占庭将军 · 难题”算法的邮件作者，名叫 Satoshi Makamoto，如果你对这个英文名字感到陌生，不妨看看其他几个译名：

日语翻译：中本哲史；

汉语翻译：中本聪。

比特币圈内的人一定都知道他的大名：一个匿名者、一个爱收集火车模型的天才黑客。人们关注他的理由还有很多：不仅因为他发明了比特币，还因为传言他拥有一笔类似尼伯龙根宝藏一样的海量比特币财富，以及其他诸多不为人所知的内容。然而，所有寻找中本聪的努力都以：

- 相同的方式开始（我们找到了！）；
- 相同的方式高潮（看似可靠，但并不有力的证据引发坊间的热议）；
- 相同的方式落幕（被怀疑或证明不是）。

无论是《新闻周刊》《纽约时报》，还是《连线》杂志近来出现的寻找中本聪的数次“乌龙”，让人们甚至开始计数，“这是第 12 次还是第 13 次发现‘真正’的中本聪了？”

他的最近一次露面是沉寂多年后的又一封声明：2015 年 12 月在 Linux 基金会的比特币开发者群组中：

邮件标题：“Not this again.”（这次你们仍然没猜对）

正文：“I am not Craig Wright. We are all Satoshi. ”（我不是克雷格 ·

赖特，我们都是中本聪）

这次媒体炒作源于2015年12月8日，《连线》刊文认为克雷格·斯蒂文·赖特（Craig Steven Wright）即中本聪，并列举了部分掌握的“可靠”证据，包括猜测在一段可能要发言的视频中所要说的话和内容。之后数小时，澳洲警方突袭并搜查了他的家，但警方称此次搜查是和税务相关，与比特币没有联系。《卫报》援引路透社记者称，赖特的办公室也遭到了搜查。

然而这次搜查之后，中本聪的声明并没有得到开发者群体的广泛关注。事实上，自2014年9月起，就有确定的网络证据显示：部分中本聪的邮箱账户已经“有意无意”地被盗。甚至，盗取者本人对此也供认不讳，并颇为得意地提醒：中本聪先生保密工作没有做够，为安全起见请赶紧逃离，以防被抓捕。在揶揄的同时，仍然不忘记来一句 Thank you for inventing Bitcoin（多谢你发明了比特币）。

下图是2014年中本聪的邮箱因长期荒废等原因被黑客盗用，从此更难有任何可信的渠道证明任何发表声明的是其本人。

图1-1　中本聪邮箱账户被盗，并用中本聪账户发表声明

资料来源：http：//p2pfoundation. ning. com/forum/topics/bitcoin - open - source? id =2003008%3ATopic%3A9402&page =4#comments

这看起来似乎是一件非常滑稽的事，多么地矛盾！中本聪的密码学造诣十分精湛，许多曾经被认为是冗余设计的错误，后来都被证明是正确的。比如，精心挑选的 Koblitz（科布利茨）曲线，避开了美国国家安全局在加密标准中暗藏的后门；比如，在椭圆曲线数字签名算法加密的基础上，再哈希两次，足以应付量子计算机的威胁。这粗心的与精密的居然是同一个人。

2008～2011年的网络讨论中，中本聪的一言一行也伴随着比特币概念的成型与实现，当然还有那篇著名的并未发表在任何学术期刊上的“神秘的论文”。论文的简介如下：

“本文提出了一种完全通过点对点技术实现的电子现金系统，它使得在线支付能够直接由一方发起并支付给另外一方，中间不需要通过任何的金融机构。虽然数字签名部分解决了这个问题，但是如果仍然需要第三方的支持才能防止双重支付的话，那么这种系统也就失去了存在的价值。我们在此提出一种解决方案，使现金系统在点对点的环境下运行，并防止双重支付问题。该网络通过哈希散列对全部交易加上时间戳（timestamps），将它们并入一个不断延伸的基于随机散列的工作量证明的链条作为交易记录，除非重新完成全部的工作量证明，形成的交易记录将不可更改。最长的链条不仅将作为被观察到的事件序列（sequence）的证明，而且被看作是来自CPU计算能力最大的池（pool）。只要大多数的CPU计算能力都没有打算合作起来对全网进行攻击，那么诚实的节点将会生成最长的、超过攻击者的链条。这个系统本身需要的基础设施非常少。信息尽最大努力在全网传播即可，节点（nodes）可以随时离开和重新加入网络，并将最长的工作量证明链条作为在该节点离线期间发生的交易的证明。”

2008年11月1日深夜2:10，当时的中本聪也许是怀着欣喜之情，发出了题为“Bitcoin P2P e-cash paper”（比特币P2P电子现金论文）的邮件。在邮件中他给出了含有上述见解的论文的链接，重述了比特币的五个主要特性：

（1）可以用点对点的网络解决双重支付（双花）问题；

（2）没有类似铸币厂一级的第三方的信任机构；

（3）使用者可以完全匿名；

（4）可以用哈希现金形式的“工作量证明”来制造新的货币；

（5）用于制造新货币的“工作量证明”机制同样可以用来预防双重支付。

一个伟大的社会实验从此开始！然而直到今天，世界上仍然没有人能找到他。即使加州大学洛杉矶分校金融学教授 Bhagwan Chowdhry（巴格·乔杜里）已提名他为2016年诺贝尔奖经济学奖的候选人，或是瑞士小镇上的瑞信银行打出招牌：“欢迎来到达沃斯，中本聪!”

> 他的一生就像一个谜团，出现、闪耀、隐逸于茫茫人流。也许正如康奈尔大学教授萨若所评论的那样：重要的是中本聪的实际遗产。我们的银行基础设施已经过时了，自千年虫爆发重写代码以来就再未更新过。金融体系的透明度和可审计性极低。银行零售业自1959年以来鲜有创新，直到几年前才有所改观。即使在今天，银行依然为我们的钱提供残旧、难用的接口。我不会宣称比特币那样的虚拟货币是最终的解决方案，或者甚至是目前可靠的解决方案之一。即使最近有规划进行改进，比特币也不能扩展到世界各地，而且它在安全上面临着很大的困难。但它确实带来了一些新的技术思路，可以丰富我们的国际社会；这些思路中的一部分是中本聪发现的，另一部分是中本聪的前人发现的。负责任的媒体需要放下毫无意义的寻人工作，把精力集中在比特币这种技术和它带来的启示上。这才是真正该做出的行动。

波动的价格，轰动的交易

从横空出世到渐入佳境，从默默无闻到妇孺皆知，比特币一路走来，价格的波动也一路备受争议。在看过了无数类似《十问比特币：3年翻25000倍》这样骇人听闻的新闻标题之后，人们的心脏承受能力也越来越强。25000倍，这是事实吗？

比特币兑换美元价格在2014年1月达到峰值1120美元左右。一般读者显然忽略了一个基本的数学常识：如果一定要选用0作为除数，进行对比，

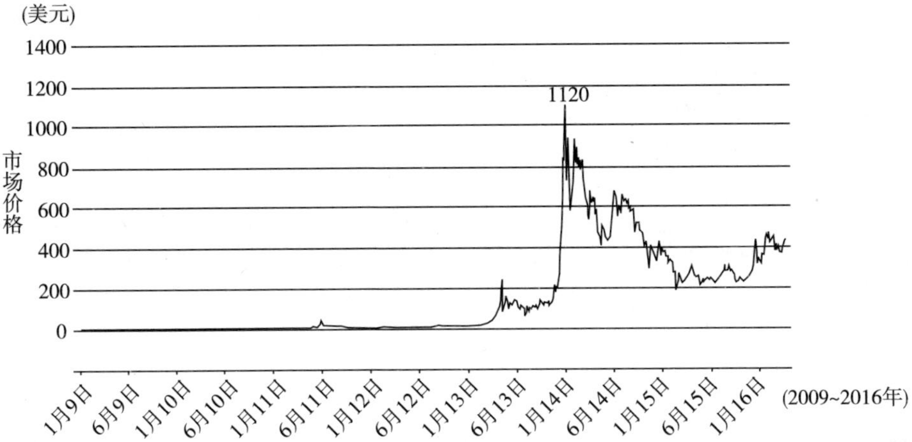

图1-2　比特币兑换美元价格

资料来源：https://blockchain.info/zh-cn/charts/market-price?timespan=all&showDataPoints=false&daysAverageString=1&show_header=true&scale=0&address

则很容易得到一个近乎无穷大的结果。25000倍似乎也并不算离谱。我们不妨选用漫长的0值时期后非常早的一个点：中本聪依然频繁出现的2010年的某一个点，以0.0619美元作为基准，做一下计算：18093倍，依然不小。

2016年2月25日比特币的价格是424美元，虽然波动已经平缓，但相对于两年前顶峰时期的1120美元，也仅是那时的37.8%。其实从2011年第一次“比特币-比萨饼”的公开交易兑换至今，比特币兑换美元价格经历了无数次的暴涨暴跌。

表1-1　2010~2015年比特币兑换美元价格

日期	1个比特币可以兑换多少美元	备注
2010年	最低0.0025	在比特币论坛“bitcointalk”上，用户群自发进行交易，产生了第一个比特币公允汇率。该交易是一名用户发送10000比特币，购买了一块价值25美元的比萨饼。比特币公开交易开始时，其汇率主要参考MTGOX交易所内比特币与美元的成交汇率。

续表

日期	1 个比特币可以兑换多少美元	备注
2011 年	最低 0.01	为了打破全球权威集团的金融封锁，维基解密刚宣布接受比特币捐助，全球最大的交易网站 Mt. Gox 就被黑客攻击，当时比特币价格迅速降到 0.01 美元/比特币。
2012 年	最高 33 美元	2012 年 11 月以前，比特币的最高汇率为 33 美元；在 2012 年 8 月，比特币的汇率为 10 美元左右；11 月底，比特币的汇率为 12.5 美元左右。
2013 年	最高 1200 美元	3 月 30 日，全部发行的比特币按市价换算为美元后，总值突破 10 亿美元。比特币的汇率由 2 月的 20 美元急升至 4 月的 180 美元，据此按照已经产出的比特币总数来计算，比特币的总市值约为 20 亿美元。5 月 30 日，Facebook（脸书）前高管 Chamath Palihapitiya（查玛斯·帕里哈皮迪亚）在彭博社发表文章预期，比特币将在 10 年内升值 3000 倍。11 月 28 日，比特币成交价首次突破 1000 美元。12 月 1 日，比特币上涨 521%，价格首次超越 1 盎司黄金价格。
2014 年	750 ~ 1000 美元	2014 年中旬，比特币汇率又一次因为比特币交易所 Mt. Gox 遭到黑客袭击急剧波动。原因是忽略了 2013 年 2 月 19 日发行的更安全可靠的比特币 0.8.0 系统，没有及时更新自己的 2011 年操作系统，为黑客带来可乘之机。
2015 年	250 ~ 500 美元	2015 年初，比特币价值在 250 美元左右徘徊，随后数月价格也没有大幅上涨。但 9 月比特币开始上涨。最急剧的变化发生在 11 月初，11 月 4 日比特币盘中一度上涨 20%，最高飙升至 500 美元。

数年间持续反复的涨跌后，大众终于接受了比特币这样的新常态，每日交易的次数也在震荡中逐步攀升，趋于 27.5 万笔/日（数据源于区块链网站）。

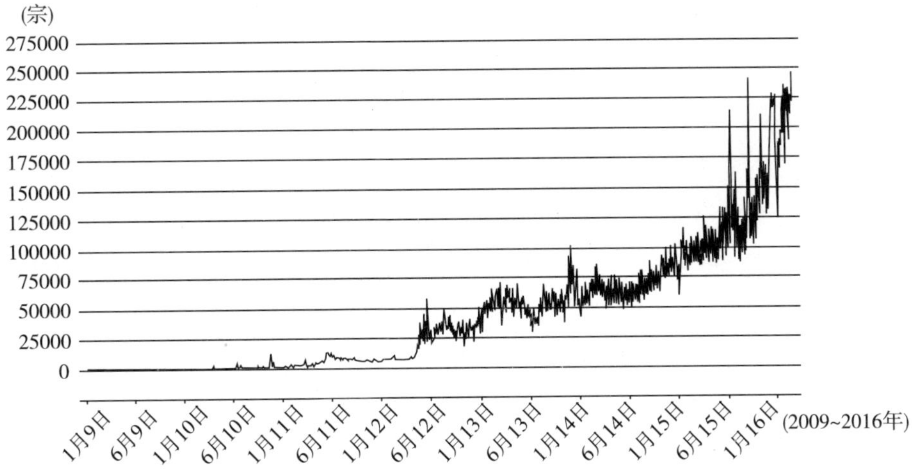

图 1-3　比特币每日交易数

资料来源：https://blockchain. info/zh - cn/charts/n - transactions? timespan = all&showDataPoints = false&daysAverageString = 1&show_ header = true&scale = 0&address =

核心开发成员埃米尔·塔吉（Amir Taaki）的评论中引用了业界周知的 Hype Cycle（炒作周期）来解释这一经济现象："你可以说，比特币遵循了市场研究机构 Gartner（高德纳）的'炒作周期'规律，即一种理论上的技术从被采用到成熟的曲线。这个周期始于技术萌芽期，然后经历期望膨胀期、幻觉破灭谷底期、复苏期和生产力成熟期四个阶段。"根据这一理论，比特币正在走出幻觉破灭谷底期，人们开始珍视可靠的代码，抛弃人为因素和围绕这种因素的动荡。

传输价值的代币

2016 年中国人民银行行长接受财新传媒的采访中罕见地对区块链和数字货币进行了表态："从历史发展的趋势来看，货币从来都是伴随着技术进步、经济活动发展而演化的，从早期的实物货币、商品货币到后来的信用货币，都是适应人类商业社会发展的自然选择。作为上一代的货币，纸币技术含量低，从安全、成本等角度看，被新技术、新产品取代是大势所趋。特别是随着互联网的发展，全球范围内支付方式都发生了巨大的变化，数字货币发行、流通体系的建立，对于金融基础设施建设、推动经济提质增效升级，都是十分必要的。”我们不难发现，中国人民银行已经完全意识到了数字货币是新时代发展的必然，而区块链则是一种可选项。

国际货币基金组织（IMF）与各国央行撰写的《数字货币》报告中提出了一种代表绝大多数央行的典型看法。国际清算银行下属组织 CPMI（支付与市场研究委员会）指出，比特币隶属于数字货币的一种，可以从以下三个维度来看待这种数字货币。

第一，它是一种资产，这一点如同其他很多货币一样，可以被用来作为支付的手段，但同时并不与一种主权货币必然相联系，没有任何实体、任何官方权威的背书（这一点与 QQ 币、网络虚拟币不同）。

第二，它并不具有内在固有的价值，因此它应有的价值取决于愿意接受它、使用它的人们，取决于这些人们对于它未来（可以兑换的商品、服务、货币）的信心。

第三，目前参与其中的第三方机构大都由“非银行组织”构成，这些组织在开发和维护数字货币和分布式账本技术上非常活跃。

在比特币开发和部署时需要考虑的因素中，这份报告同样提到网络效应（network effect），如同电话、手机第一次走入人们的世界，使用的人群越多，它的价值也随之越大。当越来越多的人采用比特币的时候，它的价值也会越大。而这源于它固有的优势：

（1）最初设计上考虑到了方便、全球可达、全球跨国界的使用；

（2）廉价。（各国央行也承认至少在某些交易的场合，对于用户来说，它提供了一种更加方便和廉价的方法）

在各国央行看来也有悲观的一面，它也存在着安全和信任主体缺失的缺点。但这些都不妨碍比特币作为一种传输价值的代币或传输价值的语言继续发挥作用。

然而在自由主义者眼中，比特币显然走得更远，它不仅可以被作为一种安全可靠的存储和转移法币价值的机制，更是一种互联网协议上的价值操作方法（Value over IP）。比特币以一种全新的方式取代物权法中的传统产权链，以一种可识别的安全方式保护使用者的资产利益，并提供一套透明的规则和执行机制以便所有参与者在记账上受到平等对待。所有这些比特币完成的功能都不需要依赖金融、监管或司法部门，比特币本身就是法律的代码。这一点尤其在缺乏完善的金融系统、法制失灵、无法保证公民财产权稳定的地方，体现得淋漓尽致。

使用 Kipochi 钱包的肯尼亚人不仅可以如愿地使用比特币的全球性金融体系，而且还可以把比特币兑换成 M－Pesa 以便完成当地的交易和购物。新时代里远下南洋掘金的菲律宾、马来西亚华裔可以通过 OKlink 将东南亚货币以低廉的手续费用转回中国大陆的家中。

在政府和私营部门已经失败的地方，开源开发已经在比特币身上找到了解决办法。我们回首它诞生的历史也会发现，比特币在 2008 年开始的国际金融危机中，在普遍的泡沫和对威权信任的丧失中诞生，可以说不只是比特币开发者造就了比特币，而是这个时代造就了比特币。

区块链到底是什么

比特币的传奇尚未落幕，另一个传奇就已经开启：2015 年 7 月，高德纳发布了新一年的技术成熟度曲线图。从图中可以清晰地看到：比特币所代表的加密货币（cryptocurriencies）和虚拟货币交易（Cryptocurriencie Exchange）逐渐从 2014 年炒作的顶峰期跌落到大众普遍失望的谷底。

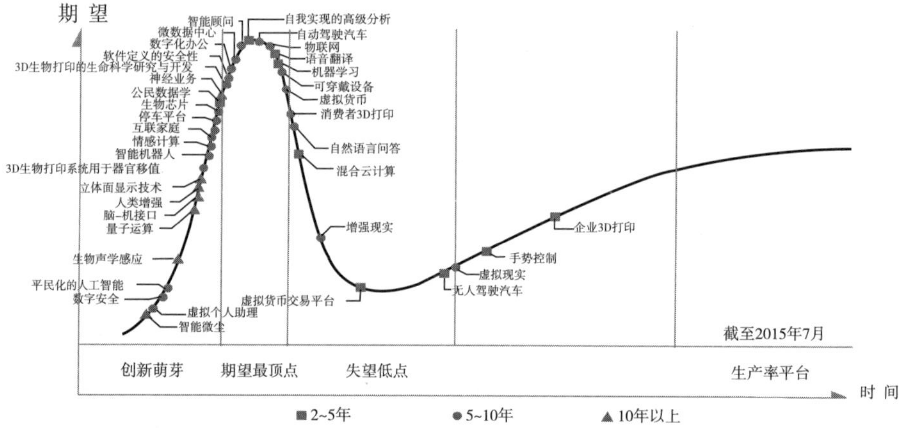

图 1-4　高德纳 2015 年新兴技术成熟度曲线

资料来源：http：//www. gartner. com/newsroom/id/3114217

中文版链接：https：//www. zhihu. com/question/21314303

然而，出乎意料的是，整个产业并未衰落。截至 2016 年 2 月 19 日，全球比特币相关产业投资额度仍然逐渐升温，突破 10 亿美元。这其中以完成两轮融资的 OKcoin 为首的 7 家中国公司也格外引人注意，带领着中国区块链产业的发展。这也显示了资本与市场的整体乐观。正如中国古人所说的，“阴极阳生”。一种新的技术让投资者和业界再次看到了曙光，那就是 Blockchain（区块链）。这是一个并不常见的现象。一般而言，当一项技术衰退的时候，除非它的生命周期非常长，能极大地激励人类的期待和梦想，比如人工智能，它能极大地勾起科研界、技术界的梦想。从20世纪60年代，从海曼·明斯基（Hyman Minsky）时代一直发展到今天的阿尔法狗时代。但大部分创新技术一跌下去就被淘汰了。比特币、加密货币这种技术之所以能硬挺到今天，非常重要的因素就是背后的区块链技术又再次把它拉动了起来。

表1-2 中国区块链产业投资列表（2016年2月19日更新）

日期	公司	类别	融资规模（百万美元）	累计资金（百万美元）	融资轮	投资人	总部	国家
2014年10月10日	Melotic	交易所	1.18	1.18	种子轮	Ceyuan Ventures, Lightspeed China, Bitcoin Opportunlty Corp, 500 Startups, Marc Van Der Chijs	香港	中国
2014年5月27日	Huobi	交易所	10.00	10.00	第一轮	Sequoia Capital China	北京	中国
2014年3月26日	Hive	钱包	0.19	0.19	种子轮	Roger Ver, Seedcoin	香港	中国
2014年3月16日	OKCoin	交易所	10.00	10.60	第一轮	Ceyuan, Mandra Capital, Ventureslab, PreAngel, Individual Investors	北京	中国
2014年3月7日	CoinSimple	通用支付	0.18	0.18	种子轮	Seedcoin, Individual Investors	香港	中国
2014年2月4日	BltSim	处理器	0.50	0.50	种子轮	Seedcoin, Individual Investors	香港	中国
2013年11月18日	BTC China (Shanghai Satuxi Network)	交易所	5.00	5.00	第一轮	Lightspeed China Partners, Lightspeed Venture Partners	上海	中国
2013年9月4日	OKCoin	交易所	1.00	1.00	种子轮	Ventures Lab	北京	中国

比特币与区块链是父与子关系吗

对于比特币与区块链，有两种常见的错误概念，在业界广为传播：

错误观念 1：比特币与区块链是父与子的关系；

错误观念 2：区块链是比特币的一个意外发现和生成物，带来出乎大家所料的惊喜，之前没有人料到这一切。

事实上，作为比特币实现的底层技术，区块链的产生是伴随着比特币一道出现的，称之为父与子的关系极其不准确。其次，与其说意外，倒不如说是“蓄谋已久”。早在2010年，在后来的比特币核心开发者Gavin Anderson（盖文·安德森）的讨论帖中，中本聪就指出自己为什么在比特币初始代码版本wallet. dat中嵌入一种非常简单的脚本（Gavin发现后曾一度陷入紧张不安中）。

中本聪说：“我很多年前就已经在思考，是否可以让（比特币）支持多种交易类型，包括：托管交易、债券合同、第三方仲裁、多重签名等。如果比特币未来能够大规模发展，那么这些交易种类都将是我们未来想探索的，但是在一开始设计时就应该考虑到这些交易，这样奖励才能够实现。”

事实上，正如后来的研究者分析发现，这些结构的应用早已超出了数字货币，甚至可以扩展到任何类型的交易方式，例如各种基于智能合约的应用。其实可以套用设计中的专门术语说，“区块链”是比特币的“可供性”，这种载体提供了一种更为广阔的交互的可能性。

中本聪版本的第一版“比特币区块链”的基础协议非常简单：通过盖时间戳，各方一同记账、一同公证，每10分钟确认一次，形成记录全网这10分钟所有正确的一个账本数据库“区块”，然后每个合法的区块连成一个个链条，形成分布式的、大家一致同意的账本数据库，这就是“区块链”。

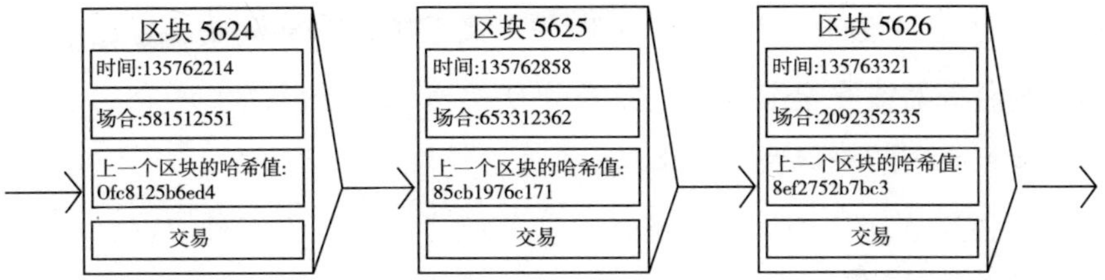

图1-5　区块链示意图

资料来源 https://camo.githubusercontent.com/e8e2a0c15c17b066e7f17056f7697819b9a1aa33/687474703a2f2f766974616c696b2e63612f66696c65732f626c6f636b5f706963747572652e706e67

区块链本质上是一个去中心化的分布式账本数据库，是比特币的底层技术，和比特币是相伴相生的关系。区块链本身其实是一串使用密码学相关联所产生的数据块，每一个数据块中包含了多次比特币网络交易有效确认的信息。

每当有加密交易产生时，网络中有强大运算能力的矿工（Miner）就开始利用算法解密验证交易，创造出新的区块来记录最新的交易。新的区块按照时间顺序线性地被补充到原有的区块链末端，这个账本就会不停地增长和延长。

通过复杂的公共钥匙和私人钥匙的设置，区块链网络将整个金融网络的所有交易的账本实时广播，实时将交易记录分发到每一个客户端，同时还能保证每个人只能对自己的财产进行修改。当然，账本里也有别人的交易记录，虽然可以看到数值和对应的交易地址（基本上这是由一段冗长的乱序字母和数字组成），但是如果不借用其他技术手段也根本无法知道交易者的真实身份。

如果从不同的技术角度来剖析，我们可以这样看待区块链：它是一种数据库、一种分布式系统，也是一种网络底层协议。

（1）数据库。区块链是一种公共数据库，它记录了网际间所有的交易信息，随时更新，让每个用户可以通过合法的手段从中读取信息，写入信息。但又有一套特殊的机制，防止以往的数据被篡改。

（2）分布式系统。区块链是一种分布式系统，它不存储放置在某一两个特定的服务器或安全节点上，而是分布式地存在于网络上所有的完整节点上，在每一个节点保留信息备份。

（3）网络底层协议。区块链是一种共识协议，基于这种协议，可以在其上开发出数目繁多的应用。这些应用在每一时刻都保存一条最长的、最具权威的、共同认可的数据记录，并遵循共同认可的机制进行无须中间权威仲裁的、直接的、点对点的交互信息。

层出不穷的其他数字货币

由于区块链最先被应用于数字货币——比特币，所以各方的开发设计者很容易想到，运用或改造这种区块链技术（加密算法、处理时间、区块大小等）可以造出新的数字货币，我们不妨称之为 1.0 时代。1.0 时代中各种数字货币层出不穷，截至 2016 年 2 月 28 日，统计显示已知的有 688 种，从分文不值到估值上亿美元。我们简要介绍除比特币以外排名靠前的三种。

表 1－3　全球排名前十位的数字货币

▲#	名称	符号	市值	单价	可用供应	交易量(24小时内)
1	Bitcoin (比特币)	BTC	$ 6,514,507,943	$ 426.92	15,259,425	$ 43,392,600
2	Ethereum (以太坊)	ETH	$ 498,257,063	$ 6.44	77,370,190	$ 9,355,050
3	Ripple (瑞波币)	XRP	$ 268,466,739	$ 0.007875	34,090,841,338	$ 559,169
4	Litecoin (莱特币)	LTC	$ 151,026,370	$ 3.38	44,689,101	$ 750,248
5	MaidSafeCoin(玫德币)	MAID	$ 44,112,139	$ 0.097474	452,552,412	$ 2,331,570
6	Dogecoin (狗狗币)	DOGE	$ 25,452,545	$ 0.000246	103,268,327,584	$ 191,987
7	Dash (达世币)	DASH	$ 24,954,884	$ 3.99	6,252,273	$ 137,445
8	Peercoin (点点币)	PPC	$ 10,721,694	$ 0.465793	23,018,153	$ 49,654
9	BitShares(比特股)	BTS	$ 10,075,647	$ 0.003960	2,544,233,346	$ 92,221
10	Monero (门罗币)	XMR	$ 9,664,070	$ 0.866732	11,150,010	$ 145,885

资料来源：http：//coinmarketcap. com/

1. 以太坊（Ethereum）

以太坊是下一代密码学账本，支持众多的高级功能，包括用户发行货币、智能协议、去中心化的交易、普遍认为的第一个完全的去中心化自治组织（DAOs）或去中心化自治公司（DACs）应用。使以太坊与众不同的是实现这些功能的方式。以太坊并不是把每一单个类型的功能作为特性来特别支持，相反，以太坊包括一个内置的图灵完备的脚本语言，允许通过被称为“合同”的机制来为自己想实现的特性写代码。一个合同就像一个自动的代理，每当接收到一笔交易，合同就会运行特定的一段代码，这段代码能修改合同内部的数据存储或者发送交易。高级的合同甚至能修改自身的代码。

2. 瑞波币（Ripple）

瑞波币是 Ripple 网络运行的基础货币，就像比特币一样可以在整个网络中流通，而不必局限于熟人圈子。瑞波币引入网关系统，它类似于货币兑换机构，允许人们把法定货币注入、抽离 Ripple 网络，并可充当借贷双方的桥梁。

3. 莱特币（Litecoin）

莱特币与比特币相比具有三种显著差异：第一，莱特币网络大约每 2.5 分钟（而不是 10 分钟）就可以处理一个块，因此可以提供更快的交易确认；第二，莱特币网络预期产出 8400 万个莱特币，是比特币网络发行货币量的四倍之多；第三，莱特币在其工作量证明算法中使用了由 Colin Percival（科林·珀西瓦尔）首次提出的 Scrypt 加密算法，这使得相比于比特币，在普通计算机上进行莱特币挖掘更为容易（在 ASIC 矿机诞生之前）。每一个莱特币被分成 100000000 个更小的单位，通过 8 位小数来界定。不同于比特币，Scrypt 所具有的内存密集特性让莱特币更适合用图形处理器（GPU）进行“挖矿”。为 Scrypt 实施的 FPGA（现场可编辑逻辑门阵列）和 ASIC（专用集成电路），相比于比特币使用的 sha256，更为昂贵。

区块链的实际应用

比特币也许是区块链上最著名的应用，除了比特币以及以它为代表的数字货币之外，近年来也涌现出了许多其他应用。我们也将会在后面的章节展开财产、物流、存储、选举等各方面应用案例的详细说明。这里仅仅给出部分例子，略微彰显它广阔的前景：美国在线零售商 Overstock 就基于区块链开发了一个名为“tØ”的股权交易平台。在同一领域，纳斯达克宣布与 Chain 达成合作协议：它们正试图用区块链来颠覆股票交易市场。与此同时，高盛和巴克莱等金融机构目前也在联手创业公司，为市场开发一种基于区块链的新框架。

许多创业公司又在此基础上更进了一步，计划利用区块链来交易实体资产。比如，Bitproof 和 Blocknotary 试图通过在区块链上记录合同交易来颠覆这些行业，他们不是在公证人面前完成房屋买卖，而是将合同保存在公共账单上。

另外，Colu 正在利用区块链，通过数字令牌（digital token）来管理资产——数字令牌可以开启在线服务或实体资产。

这项技术还可以被应用于知识产权领域。例如，Verisart 正在利用这种分散式技术来验证艺术作品的真伪。它给艺术作品相应的版权编码，然后将它们记录在区块链中。另外，Proof of Existence 还利用公开账单追踪用户创建的档案。

区块链还可以用来验证人的身份。ShoCard 会给个人身份信息编码并进行保存，还能实现合同的智能化管理：这得益于这种分散式基础设施，一旦满足了某些条款，合同会得到自动处理。IBM 目前正在开发这种应用，该公司还公布了与三星 ADEPT 的合作计划——ADEPT 是一个在物联网领域使用区块链技术的概念验证。

区块链的颠覆特点

“如果我知道我将在何处死去，我将不去那个地方，这样我就可以得到永生。”这是著名投资人查理·芒格（charlie Munger）经常引用的一句俏皮话，其中充满了深深的、反向思考的智慧。如果我们今天希望了解区块链的种种特性所带来的去中心化、分布式等对于传统的颠覆，我们不妨思考以下两个问题：传统的方式意味着什么，或者说中心化意味着什么？集中式又意味着什么？我们设想一个例子，假定在10000年前，我手里有一个贝壳，对方有一袋盐，我俩简单直接地换走，而我们不需要知道过多对方的信息，也不需要知道对方的家庭住址、身份证、信用等冗余信息。我的东西对他有价值，他的东西也对我有价值，我就可以直接跟他请求交换。但后来随着社会的不断发展，复杂以及不必要之物充斥到我们的价值传输网络中。现在，我们做一个非常简单的交换过程，必须依赖银行或下面例子中的钱庄。首先把我们的价值转化为银行记账单位，然后通过一个中心化的节点银行，进行这种价值的传输。

我们看一下极端中心化集中式的处理方式。

第一步，登记你（持贝壳少年）的姓名、年龄、身份证、住址、工资，提供给中心化钱庄。

第二步，登记他（持盐少年）的姓名、年龄、身份证、住址、工资，提供给中心化钱庄。

第三步，你把贝壳寄往钱庄。

第四步，卖盐的少年把盐寄往钱庄。

第五步，钱庄把盐寄给你。

第六步，钱庄把贝壳寄给对方。

第七步，钱庄把你们两人的信用值各自 +1，并在钱庄内保管你们的信用记录。

而去中心化、分布式处理方式：你和少年交换盐和贝壳，并不需要太多其他信息，交易地址、金额记录登记更新到区块链上。

我们不难看出，在某些特定的场合，去中心化分布式处理，不仅更加便捷，而且也更加自主。你并不一定需要一个掌握你所有信息，甚至与交易无关的毫不必要的信息的中心化代理（钱庄）来协调处理你的一切交易。这不仅是不安全、不便捷的，还可能造成信息不对称，甚至被“中心”反向控制，因此也是不必要的。

贝尔的电话技术、20 世纪 90 年代的互联网的颠覆性来源于它们所带来的便利，对人类生活和行为的巨大改变。有了电话和手机，我们就可以端对端及时发送信息进行通信；有了互联网、微信和 QQ，语音、文字、视频等“信息”和“数据”才可以方便传播，使人们之间的联系和联络更加直接、便捷。总体而言，传递“消息”的网络已经非常发达、直接、便捷、流畅。但是现在我们在传递钱、资产这样的“价值资产”时，我们的网络还处于一个十分臃肿、低效的状态，某些方面甚至不如原始社会时贝壳与盐等物物交换的网络。

可以发现，区块链就是一个“去中介化”的“价值传输网络”。如果说“拜占庭将军问题”揭示出了我们分布散落的个体节点之间信息传达与协同的困难，那么区块链就是一种解答，迄今为止最有力、最清晰、最具有现实性的一种解答。它解构了信任代理（中介）存在的必要，提供了另一种点对点直接交互的可能。就像我们在原始社会中一样，真诚地面对面地交互，不需要任何中介，甚至不需要双方的信任，只需要有限的了解，便可以来去匆匆，相忘于江湖，其中的交互皆留给底层。这使交易乃至于一切交互更方便、更有效率。在一个一个点看，这只是个体之事，但从更高的维度看，它也使大规模的、无中介的协同交互成为可能。不再需要强权、巨大中介的集中智能处理，而智能则隐于底层、隐于链条、隐于各处。它不是庞然大物似的存在，但又细微地无所不在，这种智能终将重新塑造出我们商业、文化乃至整个社会的未来。

第二章

区块链

——颠覆世界的力量

区块链生成后，一路令人惊奇，不仅仅在于它对于当下世界的改变，更在于它塑造未来的可能。它像一个具备智能的集群，不断演进出颠覆性的力量。虽然它散落，但并不散乱与无序，而更像一个协调有序发展的，最终具备智慧的有机群体。这种现象在自然界中也有存在。

颠覆的核心——去中心化

自古以来鸟类都是一个非常有智慧的群体，每当到了迁徙的时间，候鸟们都会成群结队地从寒冷的北方飞到温暖的南方过冬，鸟群通常要飞几十天才能到达过冬的目的地。如果需要长时间迁徙的不是鸟群而是人群呢？那么就需要高科技设备帮助指路，并且还需要选出一个领导人来带队。

飞行途中的一只鸟对自己的鸟群形态并没有全局概念，结队飞行的鸟儿对鸟群的飞行姿态和聚合也是视而不见的。“群态”正是从这样一群完全罔顾其群体形状、大小或队列的生物中涌现出来的。科学报道记者詹姆斯·格雷克（James Greek）曾经写道：“单只鸟或一条鱼的运动，无论怎样流畅，都不能带给我们像玉米地上空满天打旋的燕八哥或百万条鲱鱼鱼贯而行的密集队列所带来的震撼。（鸟群疾转逃离掠食者的）高速电影显示出，转向的动作以波状传感的方式，以大约1/70秒的速度从一只鸟传到另一只鸟，比单只鸟的反应要快得多。鸟群远非鸟的简单聚合。

群鸟们履行着一条非常简单的原则：彼此只看周围大约 6 只同伴的行为，只要和它们保持一致就行。于是，我们看到，罗马上空的欧洲椋鸟像巨大的礼花爆炸，在空中绽放，却彼此牢固地粘在一起；随即又像一朵游动的云，飘到其他地方，继续绽放……

沙丁鱼也和欧洲椋鸟相似。海洋里面有许多厉害的大家伙，像鲨鱼生活在食物链的最上层，弱势的沙丁鱼是如何抵御天敌的呢？它们没有任何的捕猎能力，也没有躲避能力，这些沙丁鱼在大自然的进化中形成了“群体效应”。当天敌鲨鱼、海豚冲过来时，它们会聚拢在一起形成一个群体，而且这个规则非常简单，每一只沙丁鱼只要盯紧它周围前后左右的鱼，与其保持相同的距离和方向。当天敌扑向沙丁鱼群时，鱼群的变化会让天敌变得不知道该捕捉哪一只。每一条沙丁鱼都在重复着自己的本能，而当全体沙丁鱼都正确地做出动作时，它们就变成了一个整体。沙丁鱼群完全是一个去中心化的体系，这个体系可以让它们在残酷的自然界中生存下来，不断进化。

蜂巢是由一只蜂王和许多工蜂组成的，看似是一个蜂王领导工蜂的组织，但是，蜂王的任务只是繁衍后代，而不参与其他一切生产活动，也不领导工蜂。那么工蜂们是怎样在没有领导的情况下统一工作，并且建立蜂巢的呢？原因在于基因。每一只工蜂在出生的时候都知道该如何建立蜂巢，如何寻找花蜜，并不需要任何的引导。

鸟群、鱼群、蜂群可以说是自然界的超级团队，它们没有管理者，也不需要领导人，只要遵循简单的法则，就能完成许多不可思议的复杂任务。数亿年的进化淬炼，让它们发展出各种绝妙的策略，使它们成为拥有智慧的群体。它们的神奇在于，有一只看不见的手，一只从大量愚钝的成员中涌现出来的手，控制着整个群体。它的神奇还在于，量变引起质变。

要想从单个虫子的机体过渡到集群机体，只需要增加虫子的数量，使大量的虫子聚集在一起，使它们能够相互交流。等到某一阶段，当复杂度达到某一程度时，"集群"就会从虫子中涌现出来。虫子的固有属性就蕴含了集群，蕴含了这种神奇。我们在蜂箱中发现的一切，都潜藏在蜜蜂的个体之中。尽管你可以用回旋加速器和 X 光机来探查一只蜜蜂，但是永远也不能从中找出蜂巢的特性。

而区块链的种种特性——去中心化、共识、分布式所形成的规则，使原本散落在全球的交易数据，第一次在网际间流动聚合，涌现出一个价值数据的巨大"鸟群"，也演化出其自身的种种智能。

去中心化——"鸟群智慧"的一角

我们人类没有这样的基因，我们目前还是生活在中心化的世界里。但是我们有幸接触到了去中心化也就是"鸟群智慧"的一角——区块链。

在中心化的世界里，大家都知道地球围绕着太阳转、国家有元首、学校有校长、连酒店也有总经理，但在我们生活中存在着无数的去中心化的系统，分布在我们生活中的各个方面。去中心化的系统还有一个专业的词汇叫分布式自治系统。

1. 区块链技术的一个突出特点是去中心化

在一个分布有众多节点的系统中，每个节点都具有高度自治的特征。节点之间彼此可以自由连接，形成新的连接单元。任何一个节点都可能成为阶段性的中心，但不具备强制性的中心控制功能。节点与节点之间的影响，会通过网络形成非线性因果关系。这种开放式、扁平化、平等性的系统现象或结构，我们称之为去中心化。

自穴居的原始人在墙壁上涂鸦时起，人类就一直有记录信息的需求。后来出现了用图书来记录知识，用账本来记录财务债务。到了近代，会用录音机记录声音，用胶卷记录图像。随着互联网数字化的到来，记录方式发生了巨大改变，变得数字化、虚拟化。电子书、电子地图、电子相册、影视综艺节目也实现了数字化网络传播。

然而，这些记录形式的背后有个共同的深层问题——中心化。中心的重要性在我们心中不言而喻，中心是一个集中所有资源和数据的地方，是所有路径的交错点。中心的意义在于控制。尤其是在工业时代，人们将生产和工作都集中在一起，从而达到完全控制的目的。中心能够控制所有的过程，保证准确和无误。

但是中心化也同时存在着致命的缺点。比如在一个中心化的国家，国王是整个国家最中心的人物，整个国家运转的过程都要经过国王的处理，这中间就出现了问题：如果国王是一个非常无能的人，下达的指令是愚蠢错误的，但国王是整个国家的中心，即使国家所有的人都觉得国王的指令有问题，也必须去执行；就算国王下达了一个非常英明的指令，所有的人都觉得非常不错，但是指令从中心传达到底层要经历很多结构和环节，可能指令在经过一层一层的传递到达最后的执行环节时已与最初的指令产生偏差，造成最后的执行结果与最初的指令预期完全不同。并且信息在传递的过程中需要时间，有可能信息从中心点发出后在到达执行点的时候已经错过了最好的执行时机，导致结果大打折扣。

现在的一些传统企业也存在着中心化的问题。通常一家公司不是私有制就是股份制形式，登记注册于中心化的政府机构。中心化的董事会成员聚集在总部运营管理这家公司的所有事物。这家公司的组织架构是自上而下、等级明确的，首席执行官（CEO）几乎控制着公司的所有决策。这就存在上述中心化所导致的问题，权力的集中容易导致底层执行积极性下降，管理层容易滋生腐败，信息传递容易出现滞后及不准确性。越来越多的公司开始思考如何解决中心化所带来的问题，去中心化或许就是答案。

在互联网的建设过程中，互联网的创造者们曾想过设立一个中心来交换数据，但这个方案很快就被否定了。因为互联网有巨大的数据需要处理，设立一个中心虽然达到了绝对控制的目的，但将引出更多的问题。一个中心来处理整个互联网的数据，将使得这个中心非常容易发生错误和故障，而一旦这个中心出现问题，便会导致整个互联网崩溃，造成极大的问题。于是互联网被设计为无中心的形式，从而使其效率大大提高。

虽然采用无中心的形式，整个系统看似处于“失控”的混乱状态，会频繁出现许多小错误，但这样的形式却可以避免互联网出现大的错误，这便是去中心的意义。在加密货币的某些领域，“去中心化的自治公司”（DACs）或“分布式自治组织”（DAOs）正流行。比特币同样被视为去中心化货币。DACs让全世界的各个角落、各行各业去中心化成为可能，比如在商业、贸易、金融和经济方面。这种类型的公司由顾客和员工共同拥有并经营，没有高高在上的老板，没有中心集权的机构充当董事会的角色。对于一些忙碌生活的人来说，这是通往自由自主道路的巨大进步。

人类进步的历史几乎可以说是信息传递不断变革和升级的历史，从早期没有文字到发明文字，从发明文字到鸿雁传书，从印刷术的发明到电报电话的崛起，从有线通信到无线通信的升级，其本质上都没有改变传递的点对点的单向模式。而互联网的兴起则实现了信息传播的多点、全方位、全天候、不间断的全球网络化，其革命性的意义在于打破了传播的单一中心模式。

2. 没有中心的本质就是人人都是中心

在互联网的冲击下，人类的文化模式正全面走向碎片化。以前任何一个社会都是单中心社会，比如原来我们了解信息要看高大上的媒体，因为它们是传统社会的信息中心，是权威。现在一切都变了：年轻人不再仅仅看电视，而是在互联网、手机上随时随地接收信息、随时随地发送信息、随时随地制造信息、随时随地娱乐信息。所以每一台电脑、每一个手机、每一个人都变成一个信息中心，整个人类社会变成了多中心社会，人类进入了“多中心时代”。

为什么去中心化一定会成功

在这个世界上，中心化形态已经存在太久了，从上古社会以血缘关系建立起来的部族群落，到古代封建社会的王权社会，再到近代社会的资本主义、社会主义制度。这些其实都是不同形态的“中心化组织”。

以上所描述的人类社会形态的更替，其实就是一步步淡化中心化的历史进程。

人类的历史进程中，每个人能够独立运作的事情变得越来越多，个人能够行使的权利实际上在逐渐增大。毫无疑问，当个人的能力能够足以完成社会运作时，中心化的大机构、大组织存在的必要性也会变得越来越弱。

去中心化从信息传播的角度已经取得了某种程度的成功，尤其是网络媒体，已经成功淡化了传统信息传播金字塔中的“信息中心”，而让原来传播中的“受众”成为新的信息源，人人都是中心。举例来说，新华社、新华网、人民网、纽约时报、新浪网、雅虎等都是传统意义上的“信息中心”。如今博客、微博、社交网络的崛起，让网友们自发维护的这些信息平台成为新的信息中心。无论从哪个角度看，网络上人人都是中心的格局已经基本形成。以前人们围绕在收音机旁听广播，坐在电视前看新闻联播的时代一去不复返。

去中心化能够降低维护成本，调动每个成员的参与积极性。我们大胆预言，未来的很多东西，都将走上去中心化之路。比特币作为去中心化的第一种数字货币，不过刚刚走出万里长征的第一步，未来要走的路还很长。

区块链的去中心化技术意味着什么

区块链就是一个网络记账本，不过由于伪造成本极高，理论上不会存在被伪造的信息。因此区块链技术受到了很多投行的青睐，全球顶级的九大投行都在投入巨资做研发。区块链的数据区块取代了传统的服务器，使得每个参与区块链系统的节点都是主机，所有的数据变更和所有的交易信息都被记录在云系统上。从理论上来说，它是一个证明与自证的系统。

例如我们每个人都网购过，买家买东西的时候，需要把钱打给淘宝等电商，淘宝等电商平台充当一个中介机构，托管了买家的资金，卖家看到买家已经打款给淘宝，于是去发货，等买家收到货后，会有一个确认收货的机制，中介电商再将买家之前托管给他们的资金转给卖家。这个方式非常复杂，而且很烦琐，卖家回款的速度也比较慢，而作为中介的电商却赚得盆满钵满。

而区块链的出现，其实就是消灭这种中心化的系统。区块链是以点对点的模式进行交易，可以省略掉中心化的模式，直接让买家与卖家进行交易，通过计算机的程序实现物物相连的构想。

对去中心化进程的一个回应是分享。分享是去中心化进程的动词表达，这也是我们有很多分享社区的原因。我们可以分享数据、进程、影响力、信息，去中心化的结果即分享行为的增加。

未来，当大多数生产都能由机器人来完成时，再使用中心化的系统，就会导致大规模的失业。而使用去中心化系统，每个人都可以依靠自己的机器人养活自己，形成个人自给自足的经济模式，未来的可持续性发展空间是无限的。未来世界将会变成一个完全去中心化的世界，没有任何一个人或者组织作为权威或控制中心，或者说每一个人或组织都是中心，信息的流通效率将变得非常高，这对于世界来说无疑是一个巨大的进步。

区块链将构建完美的契约世界

在 2030 年一个明媚的上午，你漫步走入一个当地的杂货店去买牛奶。随着你的手一挥，你的智能手表检测到牛奶盒中内置的透明加密芯片，并且获得了它的哈希代码。这一瞬间，这盒牛奶就毫无争议地成了你的牛奶。未来，的确很有可能出现这样的情况：我们将不再使用现金买东西，也完全重新定义事物所有权的概念。

即使互联网已经通过各种方式在各个方面改变了我们的生活，但是从来没有一种方法能够真正地在没有中心化权威机构的授权下让你“拥有”某些数字产品。你在网上拥有的一切，从你的钱到你的身份，都需要一个公正的第三方机构才能证明，这是我们能真正证明拥有某物的唯一途径。从技术上讲，所有你的在线资产实际上都是你借用的。不过从现在开始，不再如此！

如果你真正拥有在线资产、能够降低抵押贷款利率、更加容易地更新遗嘱、贷款没有处理费用、买卖交易免手续费……那会怎样？这些应用和其他更多的应用是智能合约向我们许诺的未来。由于密码学货币的出现，智能合约这一技术正越来越走近我们的现实生活。

智能合约是能够自动执行合约条款的计算机程序。未来的某一天，这些程序可能取代处理某些特定金融交易的律师和银行。智能合约的潜能不只是简单地转移资金。一辆汽车或者一所房屋的门锁，都能够被连接到物联网上的智能合约打开。但是与所有的金融前沿技术类似，智能合约的主要问题是：它怎样与我们目前的法律系统相协调呢？还有，会有人真正使用智能合约吗？

智能合约赋予物联网“思考的力量”

物联网是一个设备、车辆、建筑物和其他实体（嵌入了软件、传感器和网络连接）相互连接的世界。小到恒温器，大到自动驾驶汽车（如配有召唤模式的特斯拉 Model S 型轿车），这些都可以成为物联网的一部分。

电子商务网络平台“物联中国”预计未来 10 年，物联网的设备数量将达到 1000 亿量级。对于如此庞大的网络，如果以中心化的组网模式，数据中心的基础设施投入、维护成本将无法估量。在云计算尚未打消人们对数据安全的疑虑时，物联网的设备更加深入人们的生活隐私。比如：你家的电饭锅每天几点做饭、做几人份的、家里的热水器是几点开始工作的，这些数据如果都传输到管理中心节点，那么你的物联网方案又该如何应对呢？

现在的物联网还存在一些安全问题，如汽车系统可能会受到恶意攻击、房屋进入系统安全性需要加强、互联网的安全挑战等。区块链中的智能合约技术具有解决这些问题的潜力。首先，区块链的最大特点就是去中心化，运用区块链技术后，我们对智能设备发出的指令无须上传到网络的中心，因为我们每个人都是一个中心，指令只需要在我们中间进行循环，大大减少了信息流通的时间成本。其次，在信息安全上，智能合约也是无法被超越的，区块链技术的安全性能够保证我们在使用智能设备的时候信息不被其他人窃取，我们再也不用担心在网上借了一笔钱之后手机被垃圾贷款信息填满了。

从智能合约到智能资产

虽然智能合约仍然处于初始阶段，但是其潜力显而易见。想象一下，分配你的遗产就像滑动可调滑块就能决定谁得到多少遗产一样简单。如果开发出足够简单的用户交互界面，它就能够解决许多法律难题，例如更新遗嘱。一旦智能合约确认触发条件，合约就会开始执行。在未来，智能合约将会改变我们的生活，我们现在所有的合约体系都可能会被打破。智能合约在未来可以解决所有的信任问题。

智能合约也可以用在股票交易所，设定触发机制，达到某个价格就自动执行买卖；也可以用在京东众筹这样的平台，合约可以跟踪募资过程，设定达到众筹目标自动从投资者账户划款到创业者账户，创业者以后的预算、开销可以被跟踪和审计，从而增加透明度，更好地保障投资者权益。

如果贷款还款由智能合约处理，那么贷款处理费用将被取消，最终的结果就会使得获得房屋所有权的成本更低。尽管你能通过一家银行获得抵押贷款，但是一般而言，银行不会持有长达30年的贷款，抵押贷款将被卖给投资者。银行只是成为你每月还款的处理者，向投资者支付大头，小部分交税，更小部分用于房主的保险。这只是一个非常简单的操作任务，但是银行经常需要一个季度到半年的时间来处理抵押贷款还款问题。银行只是从贷款者手里接受还款，将还款转交给投资者，并凭此服务向人们收费。但是，理论上智能合约能够非常容易地处理这种业务。

智能合约还可应用于个人健康管理。你可能会有一个可穿戴的健身追踪器，把卡路里数量和步数发送到区块链。数据是经过加密的，身份是匿名的。家用医疗设备也是如此，区块链会和健康专家例如教练、医生或者医疗机构建立联系，智能合约会触发需要的服务——不管是健身计划还是针对某些慢性疾病的治疗。

未来律师的职责可能与现在的职责大不相同。在未来，律师的职责不是裁定个人合约，而是在一个竞争市场上生产智能合约模板。合约的卖点将是它们的质量、定制性、易用性如何。许多人将会针对不同事项创建合约，并将合约卖给其他人使用。所以，如果你制作了一个非常好的、具有不同功能的权益协议，那么就可收费许可别人使用。以智能合约管理遗嘱为例，如果你的所有资产都是比特币，用智能合约管理遗嘱的方式就可行。对于实体资产，智能资产也能解决这些问题。在尼克·萨博（Nick Saab）1994年的论文中，他预想到了智能资产，写道："智能资产可能以将智能合约内置到物理实体的方式，被创造出来。”

智能资产的核心是控制所有权，对于在区块链上注册的数字资产，能够通过私钥来随时使用。这些新理念、新功能结合在一起会怎么样呢？以出租房屋为例，我们假设所有的门锁都是连接互联网的。当你为租房进行了一笔比特币交易时，你和我达成的智能合约将自动为你打开房门。你只需持有存储在智能手机中的钥匙就能进入房屋。当这些数字钥匙到期时，智能合约也将使得设置日期更加容易。

未来我们的房产、车库、门禁系统也许都会植入软硬件的识别设备，主人使用时，自动识别主人注册在区块链的数字身份即可，如同好莱坞科幻电影场景，让我们进入便捷的智能世界。

智能资产的一个典型例子是，当一个人偿还完全部的汽车贷款后，智能合约会自动将汽车从财务公司名下转让到个人名下（这个过程可能需要多个相关方的智能合约共同执行）。但如果贷款者不还款，智能合约将自动收回发动汽车的数字钥匙。

基于区块链的智能资产，让我们有机会构建一个无须信任的去中心化的资产管理系统。只要物权法能跟上智能资产的发展，通过在资产本身上记录所有权将极大地简化资产管理，大幅提高社会效率。

有执行力的合约

现行法律的本质是一种合约。它是由人（生活于某一社群的）和他们的领导者之间所缔结的，一种关于彼此该如何行动的共识。个体之间也存在着一些合约，这些合约可以理解为一种私法，相应地，这种私法仅对合约的参与者生效。

例如，你和一个人订立合约，借给他一笔钱，但他最后毁约了，不打算还这笔钱。此时你多半会将对方告上法庭。令人欣慰的是，当初你和借款人把条款写了下来，订立了合约。但法律的制定者和合约的起草者们都必须面对一个不容忽视的挑战：在理想情况下，法律或者合约的内容应该是明确而没有歧义的，但现行的法律和合约都是由语句构成的，而语句则是出了名的充满歧义。因此，一直以来，现行的法律体系都存在着两个巨大的问题：首先，合约或法律是由充满歧义的语句定义的；其次，强制执行合约或法律的代价非常大。而智能合约通过编程语言，满足触发条件即可自动执行，有望解决现行法律体系的这两大问题。当然如果你不是一名程序员的话，一开始就读懂合约可能要花点时间，但一旦学会如何阅读，这份合约绝对比现有的律师们起草的合约要通俗易懂得多。如果采用这种方式，简单的合约一般的用户就可以起草，特殊一点的合约可能需要稍微资深一点的专家起草（就像复杂的传统合约也需要专门的律师起草一样）。作为结果，我们得到的这份合约，完全消除了类似“我认为，你认为”的这种误解，缔约双方是否依法履约的不确定性也一并被消除。也就是说，代码写成的这份合约，既定义了合约内容，也保证了合约内容的执行。在本质上，这份合约真的就是一份不会毁约的合约，而这一点非常强大。

初期，智能合约会首先在涉及虚拟货币、网站、软件、数字内容、云服务等数字资产的领域生根发芽，因为针对数字资产的“强制执行”非常直接有效。但是，随着时间的推移，智能合约会逐步渗透到“现实世界”。比如，基于智能合约的某种租赁协议的汽车可以通过某种数字证书进行发动（而不是传统的车钥匙）。而如果这个数字证书不符合该租赁协议（例如证书到期），汽车就不会发动。

在一个私法和公法可以被完美地监督和执行的未来世界里，很多事情都变得可能。你可以设想一个当地法律都靠智能合约订立的小镇。在这个小镇上，新法的通过和针对既有法律的修正案都必须通过投票系统进行公开投票决议，而且这个投票系统也是由智能合约实现的。同时，镇上的居民也会非常清晰地意识到法律的执行和适用范围。你甚至可以想象一个不靠地理边界而是基于智能合约的法规和权益的国家，未来人们甚至可以自由选择最适合自己的虚拟国度。

从未来的角度看，今天现行的法律系统看起来就像茹毛饮血般原始。我们拥有连篇累牍的即使在法院看来也依然充满歧义的法律条文。同时，我们订立的合约充满了虚假的个人承诺和渺茫的兑付希望。因此，随着智能合约的出现，一种新的法律形式即将诞生。

区块链未来应用蓝图

我们来看看未来区块链技术会怎样影响我们的生活。

20 年后的某一天，M 国总统大选正在如火如荼地进行，你把智能手表调到投票界面，看了下选举人：今年好像没什么有特色的竞选人啊。李·查得？没意思，一个中规中矩的政治家，一直想把世界扭转回中心化的统治下。拜托，我选的总统是为人民服务的，不是来统治人民的。

于是你划到下一个：王·大卫？这个人好像挺耳熟，对了，之前好像是做金融的，听说他用区块链技术把之前的银行推翻后帮助大家建立了许多自己的“银行”。听起来感觉不错，但是我对金融不感兴趣，下一个。

看到个有意思的家伙，斯蒂芬·奇，他创造了一系列新的货币，希望能够颠覆目前各个阶级的统治。不错，就选这个，反正现在用的是区块链技术投票，投谁都不用怕被查水表了。

投完票后，你抬头看了下旁边的高楼大厦，广告牌里正在宣传 OB——一家利用比特币进行交易的去中心化电商平台。该平台直接将用户与用户连接起来开展交易，OB 实现了买卖双方的直接交易，而不需要借助中心化的平台。不同于之前相当于第三方的阿里巴巴，OB 可以直接使交易双方在信任的基础上促成交易合作。由于去中心化、无组织管理，这意味着当用户在 OB 进行交易时，不需要支付额外费用、不会泄露档案、进行的任何交易也不会被审查。

前天在 OB 上买的纪念版比特币卖家说违规销售，不想卖就直接说嘛，OB 上卖东西、买东西都是匿名的，又不是购买毒品什么乱七八糟的。

看了下时间，医院挂号马上要到时间了，得抓紧过去。你想起之前爷爷说他年轻的时候去看病，每次看完病都能收到一大堆乱七八糟的医疗短信，那会儿填单子的时候都不敢填自己的真实姓名，就是怕自己的身份信息给泄露出去了。现在有区块链技术提供可行的替代方案，在公开透明的同时也尊重保护了用户的隐私。集中的数据库和文件柜都不再是一个切实可行的选择。过去，由于内部失误，患者机密信息会被泄露。随着时间的推移，通过采用像区块链这样的创新技术，安全性和记录推移将得到改善。

晚上回到家，你通过智能手表发出一个指令，家里所有的东西又开始工作起来。你打开了计算机准备在论坛上逛一逛，论坛上又是一些关于中心化和去中心化的讨论，你与这些人激烈探讨起来，反正论坛也使用了区块链技术，不用担心信息被泄露出去。

以上是对未来世界里一个普通人日常生活的设想。区块链的核心思想是去中心化，在人与人、点与点、端与端之间不相识的时候，可以通过计算机技术（区块链技术）建立信任，节约了大量的成本，提高了办事的效率。区块链的特性是它不会被伪造，信息高度透明。区块链的这两个特性被应用得比较广。

区块链不仅会重塑货币市场、支付系统、金融服务及经济形态的方方面面，而且会改变人类生活的每个领域。区块链技术能够从根本上成为让组织形态减少摩擦并且提高效率的新方案。区块链去中心化的特性与整个网络的流动性能将所有人连接在一起，无须中间人或身份信息交流中心的参与就可以实现所有权和信息的处理；提供了一种通用技术和全球化的解决方案，自动化地实现物理资源和人力资源的分配，解放了过去由人力来完成的各种协调和确认。也许以后所有人类活动都可以通过区块链来协调。

为什么区块链会率先颠覆金融领域

由于区块链技术最早来自比特币，所以最早接触和应用的大多是金融机构。现在传统的金融行业中涉足最多的是银行、证券交易和登记的环节。目前医疗、供应链、物联网、游戏、政务、公证、社交、人工智能等领域的应用多处于初级或概念设立阶段。据科技行业并购咨询机构 Magister Advisors 估计，到 2017 年，银行投入区块链开发的经费将超过 10 亿美元，是所有企业软件板块发展速度最快的。

2015 年 9 月建立的初创公司 R3 CEV 发起 R3 区块链联盟，至今已吸引了包括富国银行、花旗银行、德意志银行、汇丰银行、摩根士丹利、加拿大皇家银行、澳大利亚国民银行和法国兴业银行等 43 家银行巨头参与，着手为区块链技术在银行业的使用制定行业标准和协议。纳斯达克在 2015 年 12 月 30 日也完成了基于区块链平台的首个证券交易，对于全球金融市场的去中心化有着里程碑式的意义。将来会有越来越多的区块链股票交易尝试。

除了为金融交易带来高透明度、高安全性、降低欺诈风险之外，区块链技术还能够帮助提高效率和减少开支。2015 年 6 月，西班牙桑坦德银行发布的研究报告提出，截至 2022 年，区块链技术通过减少跨境支付、证券交易以及合规中的成本开支，每年能为银行业节省 150 亿 ~200 亿美元。

国内首个区块链项目“小蚁”的创始人达鸿飞认为，“区块链技术普及后对银行业的影响是变革性的，金融的底层基础架构会发生变化，原有的一些角色将来可能就不再需要了，有可能会出现一些新的角色，所以对底层会造成很大的变化”。比如金融业中有一些登记结算机构，如 A 股市场里的中国证券登记结算有限公司，债券市场的中央国债登记结算有限责任公司，这一类机构完全可以被区块链技术取代。澳大利亚证券交易所就正在与一个叫数字资产控股（DAH）的区块链初创公司合作，由 DAH 提供技术为他们建造一个基于区块链技术的清算和结算系统。

传统金融互联网化的意义在于减少中间环节、降低交易成本、扩大金融服务范围、提高金融服务质量等。而区块链技术的嵌入则可能会将互联网金融的意义深化。其中一个重要方面是，可通过程序化记录、储存、传递、核实、分析信息数据，从而形成信用。相较于传统的信用形成方式，区块链可省去大量人力成本、中介成本，所记录的信用信息更为完整、难以造假。

举例来说，当我们申请贷款时，需要提供相应的信用信息，这就需要依靠银行、保险或征信机构所记录的相应信息数据。但其中存在着信息不完整、数据不准确、使用成本高等问题，而区块链的用处在于依靠程序算法自动记录海量信息，并存储在区块链网络的每一台电脑上，信息透明、篡改难度高、使用成本低。因此，申请贷款时不再依赖银行、征信公司等中介机构提供信用证明，贷款机构通过调取区块链的相应信息数据即可。

在审计方面，公司不需要招聘专门的审计人员来公司内部审核账本，所有交易都可以集中记录储存在内部的区块链。由于区块链具有不可逆性和时间邮戳功能，会计事务所等外部审计人员和监管机构通过跟踪这些区块链可以实时监控公司账本，同时机构可以借此大幅减少对于审计员审核金融交易的依赖，将审计业务变得更有效率。

R3 CEV 组建区块链联盟的目的就是要做一个全球的去中心化的实时结算清算系统。目前，如果要汇款到国外，即变汇是需要通过 SWIFT（环球同业银行金融电讯协会）系统的，这个过程往往需要 t+1 或者 t+2，甚至 t+3。如果使用区块链技术，理论上就可以实现实时结算和清算，相当于一个全球的支付宝体系。在这种理想状况下，银行是获利最大的，因为他们不用通过 SWIFT 系统，首先是极大地降低了成本，同时由于实时结算，也减少了来自对手的风险。这种全球的去中心化的实时结算清算系统能够让全球的金融体量上一个新的台阶。

在中国的区块链创业圈中，一位名为 Certchain 的全自动鉴证服务项目致力于不依靠第三方介入，以数学算法免费对信息数据的真实存在提供证明，其官网介绍称："对任意文件和任何信息，以去中心化的方式，用纯粹的数学算法的方式提供匿名且安全的存在证明，并可以根据用户的需求，无须任何第三方介入，能够便捷和以极低成本证明某个人对任意类型文件的所有权。"

"区块链本质上就是交易各方信任机制建设的一个完美的数学解决方案。"中国万向控股有限公司副董事长兼执行董事，万向区块链实验室发起人肖风认为，"一是用纯数学算法来建立各方的信任关系；二是交易各方信任关系的建立完全不需要借助第三方；三是建立信任关系的成本几乎为零。这也正是我预言的区块链将帮助达成互联网金融终极模式的核心所在。"

以区块链为基础，再加以辅助方法可在互联网上建立智能合约机制，用程序代替合同，当约定的日期、条件一旦达成，网络自动执行合约，金融活动由交换数据变成交换代码。

区块链技术将成为下一代数据库架构

在互联网诞生初期，数据库主要的类型是关系型数据库，这是一种采用了关系模型来组织数据的数据库。1970 年由 IBM 的研究员 E. F. Codd（埃德加·弗兰克·科德）博士首先提出，在之后的几十年中，关系模型的概念得到了充分发展并逐渐成为数据库结构的主流模型。简单来说，关系模型指的就是二维表格模型，而一个关系型数据库就是由二维表及其之间的联系所组成的一个数据组织。

随着互联网 web2.0 网站的兴起，传统的关系数据库在应付 web2.0 网站，特别是超大规模和高并发的 SNS 类型的 web2.0 纯动态网站时已经显得力不从心，暴露了很多难以克服的问题，而 NoSQL 的数据库则由于其本身的特点得到了非常迅速的发展。NoSQL 泛指非关系型的数据库，它的产生就是为了解决大规模数据集合多重数据种类带来的挑战，尤其是大数据应用难题。

谷歌（Google）公司的三篇著名论文（GFS，Bigtable，MapReduce）奠定了谷歌大数据的基础，而谷歌的PageRank算法实现了当时几乎最先进的数据搜索算法。PageRank通过网络浩瀚的超链接关系来确定一个页面的等级。Google把从A页面到B页面的链接解释为A页面给B页面投票。Google根据投票来源（甚至来源的来源，即链接到A页面的页面）和投票目标的等级来决定新的等级。简单地说，一个高等级的页面可以使其他低等级页面的等级提升。而这个技术正是数据第二阶段，通过复杂的设计网络和算法进行重新整理和归纳，让原本看似并无关联的数据成为可以分级分类的高质量数据，让大数据和复杂网络模型成为可能。

但是构建在这之上的大数据最大的问题就是无法解决信任问题。因为互联网将使全球的互动越来越紧密，伴随而来的就是巨大的信任鸿沟。目前现有的主流数据库技术架构都是私密且中心化的，在这个架构上永远无法解决价值转移和互信问题。所以区块链技术将成为下一代数据库架构，通过去中心化技术，将在大数据的基础上解决全球互信这个巨大的难题。通俗来说，该技术可被理解为全体参与记账的技术，过去人们使用一台台中心化的服务器记账，而在区块链技术系统中，每个人都可以参与记账，并共同鉴定记录的真伪。

区块链可以和大数据连接，大数据预测分析可以和自动执行的智能合约完美结合。区块链技术加入经济支付层面，作为量化工具，海量自动执行的任务会解放大量的人类生产力。区块链也会促进大数据向下一个数量级发展。通过这项技术，即使没有中立的第三方机构，互不信任的双方也能实现合作。简而言之，区块链类似一台“创造信任的机器”。

区块链技术作为一种特定分布式存取数据技术，通过网络中多个参与计算的节点共同参与数据的计算和记录，并且互相验证其信息的有效性（防伪）。从这一点来看，区块链技术也是一种特定的数据库技术。这种数据库将会实现Melanie Swan所说的第三种数据类型，即能够获得以基于全网共识为基础的数据可信性。从目前来看，我们的大数据还处于非常基础的阶段，但是当进入区块链数据库阶段时，将进入真正的强信任背书的大数据时代，这里面的所有数据都将获得坚不可摧的质量。

分布式的区块链开辟了各种可能性，例如：分布式投票（如 Agora），选民可使用加密货币代表他们的选票，而拥有最多额度账户的候选人将由此胜出；分布式域名注册（DNS，如 Namecoin），将根据加密货币的模式来实现独立的 ICANN 的工作；分布式存储（例如 Maidsafe 和 Storj），无须信任的节点在一起工作（使用加密货币作为支付手段）来交换存储空间和带宽；甚至是分布式的、点对点的异步消息传递平台，例如 BitMessage（比特信）和 Twitter（推特）。

区块链将如何颠覆我们的生活

想象这样的一个世界——你可以用你的手机参与选举，可以几个小时就买套房子，或者压根儿就不存在现金这回事。这正是区块链为我们描绘的未来。

在西弗吉尼亚大学，学生会正在考虑要不要用基于区块链技术的投票平台来进行学校选举。如果运用这样的平台，学生们就能用移动设备来投票，而由于投票结果会被计入公共系统，因此投票是完全安全的。一名支持这种方式的学生解释到，“大家的投票绝不可能被我们——即程序员、学校管理员或学生修改、删除”。相信在不久的将来，这种安全的投票形式将会被运用到更为重要的地方——总统大选。

未来区块链会应用于任何领域，给人类生活带来极大影响。区块链应用项目大致分为：存在性证明、智能合约、物联网、身份验证、预测市场、资产交易、电子商务、社交通讯、文件存储、数据 API（应用程序编程接口）等。

1. 医疗去中心化

医疗方面，区块链最主要的应用是对个人医疗记录的保存，可以理解为区块链上的电子病历。目前病历是掌握在医院手上的，患者自己并不掌握，所以病人就没有办法获得自己的医疗记录和病史情况，就像银行的账看不到过往的交易记录一样，这对未来的就医会造成很大的困扰。但现在如果可以用区块链技术来进行保存，就有了个人医疗的历史数据，未来看病或对自己的健康做规划就有数据可供使用，而这个数据真正的掌握者是患者自己，而不是某个医院或第三方机构。另外，这些数据有很强的隐私性，使用区块链技术也有助于保护患者隐私。

这种应用具有去中心化的特性，更具开放性，用户也更有自主性。它所实现的是一种新的组织信息的形态，每个人都掌握自己的信息，而不需要像过去那样把信息托管给某一个机构来保管。

2. 智能锁

德国一个初创公司 Slock. it 想做一个基于区块链技术的智能锁，并将锁连接到互联网，通过区块链上的智能合约对其进行控制。任何一个控制锁的人都可以发放一把或多把私钥，并对私钥进行复杂的定制，设定锁什么时候启用、具体什么时候开等。通过这种方式，共享经济能够被进一步去中心化，将任何能被锁起来的东西轻易租赁、分享和出售。Slock. it 的概念更是超越了为 Airbnb（空中食宿）用户服务的范畴，想要进一步颠覆这种共享经济，让使用者能够直接向一把锁进行支付，然后打开；出租者也可以随时更换私钥的定制，让整个体验更为方便、安全。人们也可以通过使用这一技术进行自行车、密码柜的租赁等，甚至让他人在自家门口给车充电，然后收取费用等。

3. 去中心化域名系统

区块链可提供 DNS 系统替代方案，不被公司控制。它能够让全世界任何人自由地在互联网上发布信息。

4. 数字艺术：区块链认证服务

数字艺术是区块链加密技术能提供颠覆性创新的另一个舞台。数字艺术在区块链行业的主要应用是指，利用区块链技术来注册任何形式的知识产权，或将鉴证服务变得更加普遍，如合同公证。数字艺术还可以通过区块链来保护在线图片、照片或数字艺术作品这些数字资产的知识产权。

5. 区块链政府

区块链以去中心化、个性化、便宜高效的特点提供传统服务，实现全新的、不同的政府管理模式和服务。充分利用区块链优势，能让政府工作更高效，进而获得民众的信赖。

区块链能利用其公开永久保存数据的优势——共识驱动、公开审计、全球性、永久性——保存所有社会档案、记录和历史，供未来使用，成为全球性的数据库。这将成为区块链政府服务的基石。通过区块链技术重新配置公共资源、提高政府效率、节约成本、让财政惠及更多人、提高民众基本收入水平、促进平等、提高民众政治参与度，最终过渡到自治的经济形态。

不妨再设想一下更加久远的未来：当区块链所代表的思维范式，这种鸟群般的分布式协作、去中心化的模型，不仅仅应用于货币、资产的合约交易，不只是限定在可设定、可编程的物与物之间，不仅仅是普通的物理实体的万物互联，而是直接作用于我们的大脑、神经元与认知，当人类大脑与计算机接口技术，配合区块链网络共同展开，当人类与机器人记忆的提取、交易、存储得以实现，当知识、灵感与创意的交互链条有序地形成，并不断演进，那又将是何等的爆发式增长，何等恢宏壮丽的景象。

6. 在线音乐

许多音乐人正选择区块链技术来提升在线音乐分享的公平性。Billboard（公告牌、美国音乐杂志）报道，目前有两家公司正通过直接付款给艺术家和利用智能合同来自动解决许可问题。在区块链音乐流平台上，用户可以直接付款给艺术家，而无须中间人插手。除了媒体音乐，还有人预想，将智能合同作为歌曲清单的自主大脑，能够更好地将歌曲背后的艺术家和创作者分类。

7. 汽车租赁和销售

Visa 和 DocuSign 公司宣布了一项合作计划，利用区块链技术为汽车租赁打造特定解决方案，以后汽车租赁只要“点、签、开”三步即可完成。

具体操作是：顾客选择想要租赁的汽车，这笔交易就会上传到区块链的公共账户；然后，顾客在驾驶座签署一份租赁协议和保险协议，区块链便会实时将信息上传。不难想象，这种租赁模式或许也将应用于汽车销售和汽车登记领域。

8. 全球公共卫生及慈善捐赠

比特币可以为埃博拉等传染病危机提供高效、直接、有针对性的资金援助。传统银行资金流动过程会妨碍危机处理过程中对资金的紧迫需求，而比特币可以迅速把资金传递到一个公开且可以审计和跟踪的地址。未来慈善捐赠网站可以透明地接受比特币捐赠，筹集大量善款开展项目。

9. 区块链基因测序

当前公民获取个人基因数据有两个问题：第一，法律法规对于个人获取基因数据的限制；第二，基因测序需要大量计算资源，高昂费用限制了产业进程。区块链测序则解决了这两个问题：通过全球分布的计算资源，低成本地完成测序服务，并用私钥保存测序数据规避了法律问题。有了数据，如果发现有潜在的高血压、老年痴呆症，可以提前改变生活习惯来减少其发生概率。相信在不远的将来，随着区块链基因测序技术的成熟，面向大众消费者的基因测序服务将得到普及。

区块链应用到大数据领域，使其进入下一个数量级，迎来真正的大数据时代，基因测序就是推进大数据的一个典型案例。

10. 区块链智能城市

生活在基于区块链的智能城市，我们可以为自己制造的麻烦付费：发生交通事故造成拥堵，可以支付给过往车辆延误费用，促进社会向自律、高效自治的方向发展。我们还可以公开透明地为好的服务、好的学校支付费用。

11. 区块链透明助学

区块链的智能合约有无数用途，智能文化合约就是其中一种。如果有人给孩子提供上学资助，可以通过智能合约自动确认学习进度，满足学习合约后，自动触发后续资金拨付给下一个学习模块。区块链学习合约能够使学习者和资助者之间完全以点对点方式进行协调，公开透明，对双方都是正向激励。学习合约将为慈善资助带来革命性的突破。

12. 数字身份验证

现在很多网站使用中心化的第三方登录，比如 QQ 登录、微博登录。那么未来，我们也许就会使用区块链技术提供的去中心化第三方服务登录，可以用姓名、地址或二维码登录，且和手机绑定，可以自由畅游网络世界。在电商网站购买时，也不需要烦琐的绑定银行卡就可转接到支付宝、微信等操作，直接用数字钱包一键购买。

13. 区块链身份认证

区块链具有人人都可以查阅的特性，每个人都可以在任何一个有网络的地方，查询区块信息，高度透明的特性也让区块链充满魅力。不妨这样设想，在以后身份证和户口本基本不需要了，因为每个身份信息都可以写入区块链里，当需要验证信息的时候，只需要查阅就可以找到。无论是追拿逃犯还是证明“你妈是你妈”都不再是问题。

14. 区块链婚姻

区块链婚姻是区块链作为公开档案信息库的一个尝试，如果以后能得到广泛推广和认可，会带来很多好处：更加透明、公平、自由，能解决重婚、隐婚等各种情况，并通过智能合约来改善赡养老人、生儿育女、购买房产等生活事宜。

15. 学历证书

加州软件技巧项目 Holbertson School 宣布，它将利用区块链技术来鉴定学历证书。此举将确保 Holbertson School 的学生在课程认定上的真实性。如果更多的学校采用这种透明的学历证书和成绩单，那么学术界的腐败将大幅减少，更不用说省去的人工核验时间和纸质文件成本了。

16. 预测

区块链技术或将撼动整个研究、分析、咨询和预测行业。在线众筹平台 Augur 希望能在去中心化的预测平台赚取利润。这家公司称，它将提供一种类似博彩互换的服务。整个过程将被去中心化，Augur 平台不仅会给用户提供体育和股票博彩服务，还将提供选举和自然灾害博彩服务。这个想法实际上是超越了体育博彩的范畴，创造了一个“预测市场”。

17. 网络安全

虽然区块链的系统是公开的，但其核验、发送等数据交流过程却采用了先进的加密技术。这种技术不仅确保了数据的来源正确，也确保了数据在中间过程不被人拦截、更改。如果区块链技术的应用更为广泛，那么其遭受黑客袭击的概率也会下降，区块链系统之所以能降低传统网络安全风险就是因为它解除了对中间人的需求。省去中间人不仅降低了黑客袭击的潜在安全风险，也减少了腐败产生的可能。

18. 人工智能区块链

区块链让智能设备在设定的时间进行自检，会让管理人员回到设备出故障的时间点去确定究竟什么地方出了错。应用区块链技术可以远程实施人工智能软件解决方案。如果一个设备有多个使用者，人工智能区块链也可帮助提高安全性，区块链会让使用各方共同约定设备状态，基于智能合约中的语言编码做决定。

各国政府的态度——从比特币到区块链

区块链从本质上来说可以看作是一个去中心化的数据库，其本身作为一种技术而存在。如果我们把区块链技术比喻成花盆里的土，那么比特币则是在花盆里生长的一株花；比特币是在区块链的基础上所诞生的一种数字货币，区块链则是比特币的底层技术。区块链是一串使用密码学方法相关联产生的数据块，每一个数据块中包含了一次比特币网络交易的信息，用于验证其信息的有效性（防伪）和生成下一个区块。

区块链 1.0：游走在法律边缘的比特币

比特币去中心化的特点注定它不能被某一个国家或者团体所掌控，这对于某些本国货币强势的国家来说是不被接受的：世界上最赚钱的事情就是印刷货币，经济强国可以通过印刷货币获得大量的财富，并且这是一个可以控制、牢牢掌握在自己手里的金融工具，所有外交、军事、对外发展等活动都可以在某些情况下印证国家对于本国货币地位提升的重要性。而比特币的出现却让这些经济强国出现了危机：比特币可以被世界上任何一个人“印刷出来”，经济强国最可控的“生意”——印刷货币，受到了挑战。未来如果比特币成为世界主流货币，那么世界的货币体系将会发生改变，经济强国再也无法倚仗自己的印钞机掠夺财富，由此会导致权威地位的下降，这对某些国家来说是不可接受的。

而对于其他较为落后的国家，比特币的出现也许是一个弯道超车的机会。在没有出现较大的世界性危机之前，落后的国家很难在现有的货币体系中为自己获得更多的利益。不确定性在某一方面同时也意味着机会，每一次经济体系的改革都会重新诞生一批强国，而比特币的出现则让它们看见了希望。

在比特币诞生初期，各国政府对其态度各不相同。

1. 美国

美国财政部下属的金融犯罪执法网络出台了一份针对比特币等虚拟货币业务的指导性文件——《金融犯罪执法网络法规在个人管理、交换和使用虚拟货币中的应用》。该文件认为，比特币是一种典型的虚拟货币，不具备实际货币的全部属性和法定货币地位。2014 年初，美国联邦税务局发布通告称比特币及其他虚拟货币属于财产而不是货币，比特币的“挖矿”、买卖和使用行为均应适用相关税务规则，进行纳税申报。

2. 中国

中国人民银行联合相关部委下发的《关于防范比特币风险的通知》认为，比特币不是由国家发行的，不具有法偿性与强制性等货币属性，并不是真正意义上的货币，不能且不应作为货币在市场上流通使用。

3. 韩国

拒绝承认比特币的货币地位，比特币不是真正的投资，不会对比特币征收资本所得税，因为这将会增加虚拟货币的合法性。

4. 荷兰

发布声明警告比特币风险，质疑比特币存储无法保障，不是由政府和央行发行，导致比特币价格波动剧烈。

5. 德国

2013 年 8 月，德国承认比特币的合法地位，已经纳入国家的监管体系。德国也成为世界首个承认比特币合法地位的国家。德国政府表示，比特币可以当作私人货币和货币单位，比特币个人使用一年内免税，但是进行商业用途要征税。德国金融监管局认为比特币是用来交换真实经济品或服务在物物交换俱乐部（barter - club）、私人集市或其他支付系统流通的价值代币。因此，比特币在德国实际上被定义为一种商品。这类似于最近一些政府决定把比特币捐赠当作实物捐赠（如捐赠食品和物资）的做法。

目前德国的比特币政策相对明朗，德国本土的比特币交易平台 bitcoin. de 也已经与 Fidor 银行展开合作。

6. 加拿大

承认比特币的“货币地位”。2013 年 12 月世界首个比特币 ATM 机已经在温哥华投入使用，这台机器安放在一个咖啡厅里。目前，这台机器上的交易额已经取得很好的成绩。很多美国本土的比特币创业者，由于国内不同州的法律监管问题，选择搬迁到加拿大创业。

7. 法国

认为比特币交易并不违法。法国金融情报机构（TRACFIN，一个反洗钱机构）公布了 2011 年度报告，描述了各种形式的虚拟货币洗钱以及位于全球众多金融避难港的不法公司。例如，银行业人士利用没有法定价值的虚拟货币进行非法活动。尽管报告的焦点是反洗钱，但报告内容中所透露出来的对比特币的使用案例等于在事实上承认了比特币使用的完全合法性，即利用比特币避开欧元区和使用美元的非欧元区的外汇兑换和转账的相关费用。对于比特币价格的波动，法国政府则警告用户谨慎投资比特币。

8. 泰国

泰国外汇管理和政策部的高官表示，由于缺乏适用的法律和资本管制措施，加之比特币跨越多种金融业务，因此下述比特币活动在泰国都被视为非法：买卖比特币、用比特币买卖任何商品或服务、与泰国境外的任何人存在比特币的往来。泰国比特币创业公司 Bitcoin Co 表示，由于泰国央行封杀了比特币，因此该公司将停止所有业务。泰国成为全球范围内封杀比特币的首个国家。

9. 印度

将继续关注比特币的发展，目前不会进行监管。相关机构表示，虚拟货币给监管、法律以及运营风险带来了挑战。

10. 以色列

目前尚未承认比特币为官方货币，但是政府正在考虑对比特币的盈利征税。以色列的比特币社区也相对活跃。

后比特币的2.0时代

1. 俄罗斯：又爱又恨

俄罗斯对比特币和区块链技术的立场堪称反差巨大，很值得研究。尽管俄罗斯一向不看好比特币，对比特币所用的区块链技术却充满热情。

俄罗斯中央银行组建了分析、评估、应用新兴金融科技可能性的工作小组，旨在分析金融市场中的先进技术和创新技术，几大首要研究对象包括区块链技术、移动技术、支付技术等领域。

俄罗斯一向对比特币采取强硬态度，但与财政部曾起草法案禁止使用包括比特币在内的各类货币替代品相较而言，情况已经有所改变。2016 年初，在财政机构和企业的几次会议之后，俄罗斯央行很可能会开始考虑合法化比特币和监管比特币交易，尤其是 P2P 交易及个人业务托管。俄罗斯境内现共有 20 万名加密货币用户，居全球第五，因此如果上述提案通过并开始实施，虚拟货币在俄罗斯的发展将会更进一步。

2. 日本：或视比特币为现金

比特币在日本的发展历程十分有趣。日本金融监管人员考虑将比特币等虚拟货币视为与现金等价的货币，此举将强化消费者保护机制，铺设一条虚拟经济增长的发展道路。在日本，比特币现在仍被视为物品，无法受到与其他同类产品相同的待遇。

据日经新闻（Nikkei）报道，日本金融厅（FSA）正在考虑修订法案，将比特币等虚拟货币合法化，使电子币“实现货币功能”。此举将使一些虚拟货币交易企业受到管制，虚拟货币以更加安全的模式推广。

3. 澳大利亚：将影响经济和政治领域

澳大利亚证券和投资委员会主席 Greg Medcraft（格雷格·麦德克夫特）在演说中提及区块链。他说：“这项技术具有从根本上改变市场和金融系统的潜力。区块链对于我们的监管方式有着深远的指导意义。”澳大利亚证券交易所（ASX）早已与加密货币公司 Digital Asset Holdings 建立了合作关系，将利用区块链技术为澳大利亚证券市场研发解决方案。2016 年 2 月，位于墨尔本的比特币挖掘企业 Bitcoin Group 在澳大利亚股票交易所上市，完成首次公开募股，集资 420 万美元。这是首例比特币挖掘企业公开募股。

区块链也应用于政治中。一个新政党 Flux 正在试图利用区块链技术改写政治通货制度。Flux 运用区块链技术推出现代投票系统，使投票透明化、记录不可更改化、在线投票便利化。2016 年 1 月，Flux 向澳大利亚选举委员会提交了申请报告，计划通过这一系统选出六名议员。Flux 给自己的定位是重新分配政权的开路者。一旦有 Flux 内的候选人当选，Flux 即成为选民可直接影响议会的门户。截至目前，Flux 网站共有 1238 名注册用户。

4. 韩国：将引进区块链

韩国证券期货交易所（KRX）运用区块链技术，已经启动建立场外交易平台的初期计划。这一新平台将把场外交易市场（OTC）的买家和卖家聚集到一起，在此寻找交易伙伴，降低参与成本，从而促进交易的进行。

5. 迪拜：建立全球区块链委员会

为推进创新发展，在全球范围内采用新技术，迪拜未来博物馆基金会近日宣布建立全球区块链委员会。迪拜未来博物馆基金会 CEO Al Aleeli（阿尔·艾莉）表示，“2015 年通过区块链平台实现的交易增长了 56%，这一显著增长意味着在相关领域优化运用这项技术的巨大机遇”。他还表示，在今后 4 年内，区块链全球投资额可达 3000 亿美元。全球区块链委员会将继续探索运用区块链技术的最佳方式，同时研究其优缺点，推进区块链和数字货币的发展。

6. 欧洲议会：发布虚拟货币报告

欧洲议会新起草的一项虚拟货币报告强调，虚拟货币与区块链技术可大幅降低交易中支付、资金转移等成本，对消费者福利和经济发展做出重要贡献；同时提高支付系统的速度和弹性，可跟踪记录交易，以防不法行为。

这份报告提出组建由委员会领导的分类账簿技术特别工作组，以此激励重要的技术专家和监管专业人员支持相关行动者（包括欧盟和成员国），确保对新的机遇和挑战做出及时的、通晓各方的回应。

同时，欧洲中央银行对新技术持开放态度，表示欧洲央行计划对区块链和分类账簿技术与支付、证券托管以及抵押等银行业务的相关性进行评估。

当区块链开始吸引高科技公司、跨国金融机构和知名创投基金的投资热情时，各个国家和地区央行也纷纷针对虚拟货币与区块链技术对金融系统和监管思维的潜在影响进行研究并发表看法。

各国政府对比特币的监管

比特币的问题出现在监管上。事实上，由于数字货币拥有无国界的网络性质，以及无法具体到某一个国家的发行人（或者说每个人都有可能是其发行人），这对于任何一个国家主管部门的监管能力都是很大的挑战（虽然其他可识别的第三方供应商可能会更容易被监管）。

比特币的交易全部都在网络上进行，基本不受各个国家的影响，其所带来的好处是，可以使交易变得便捷、快速、廉价。例如，一家在美国做跨国生意的企业需要支付一笔 50000 美元的货款给中国企业，在没有比特币的情况下，他需要先进行跨国转账，中国企业在收到这笔货款后也需要去银行兑换成人民币，其中所花费的转账手续费、兑换手续费都是非常高的，并且这一个过程所耗费的时间非常长，但是比特币正在慢慢地改变这种现状。美国企业现在只要用 50000 美元在交易平台上购买等额的比特币，然后把比特币转到中国企业的账户中，中国企业在收到比特币的时候在交易平台上卖出去就行了。为了防范时间差所带来的比特币贬值风险，中国企业只要在平台上购买一份等值的看空合约就可以预防其中的风险，相对于跨国转账的手续费来说支付给交易平台的手续费实在是微不足道。

但是国家在这一笔交易中所能起到的监管作用就变得非常小，国家只能对其国内的交易平台进行监控，而对交易本身存在非常大的监管漏洞。在2014年，反洗钱金融行动特别工作组（FATF）发表了一个关于数字货币问题的大篇幅报告，指出“可兑换法币或用其他可兑换的虚拟货币更容易卷入洗钱和恐怖融资活动”，而最近FATF面向虚拟货币支付产品和服务发布了风险管理办法的指导意见，提出面对类似的产品和服务，根据其功能和风险状况建立跨区域的指导，对于强化国际反洗钱/反恐融资标准的效力是至关重要的。

表2－1　各个国家对于比特币的监管

主要手段	监管类型/国家示例
信息/道德劝说	公共警告 投资方/买家信息 研究报告
具体利益相关者监管	
现有监管解读	监管实施基于对现有框架（比如税法处理）如何应用于数字货币或数字货币中介机构的解读。例如：美国
总体监管	涵盖所有三个方面的专门法规（消费者权益保障，针对不同利益相关者的审慎的组织规则和支付系统的具体操作规则）
禁止	禁止比特币零售交易（或限制交易额） 禁止零售商接受数字货币付款 禁止基于数字货币的金融工具。例如：中国和比利时 封杀数字货币交易所 禁止银行间进行比特币交易。例如：中国和墨西哥

区块链技术可以被用于创造更多的集中式数字货币

世界各地越来越多的央行官员开始建议区块链技术可以被用于创造更多的集中式数字货币。

2016 年 2 月，中国人民银行行长周小川在接受财新周刊专访时表示，“区块链技术是一项可选的技术”，人民银行也部署了重要力量研究探讨区块链应用技术，但是“到目前为止，区块链占用资源还是太多，不管是计算资源还是存储资源，应对不了现在的交易规模，未来能不能解决，还要看”。

2016 年 3 月，英国央行分管货币政策的副总裁本·布罗德本特（Ben Broadbent）在伦敦政治经济学院演讲时提出，如果区块链技术继续发展，确实可能实现价值转移与登记无须经由某个具有公信力的第三方机构（如央行）来处理。严格来讲，央行是业务非常单纯的银行，主要职能是管理商业银行存在中央银行的储备资产，即“中央银行货币”（Central Bank Money），也就是中央银行的债券或央行本票。一般人对中央银行货币最熟悉的形式是在市面流通的现钞。如果民营企业者利用区块链技术平台大规模推广数字货币，那么央行最有效的反制措施就是尽可能地增加中央银行货币的流通，扩大直接向央行拆借的金融与非金融机构范畴，甚至让所有个人都在央行直接开户，并立法禁止使用现钞与硬币。这样的极端情境，在理论上无须区块链技术也能实现，但区块链技术能让事情更简单。

也就是说，国营的央行数字货币与民营的银行数字货币或许都基于相同技术，但其目的与使用情境可能大相径庭。央行账户越接近一般商业银行账户，央行数字货币就越能为人民服务，在市场上就越有竞争力，甚至会出现逆周期性的特征：当出现金融危机时，存款可能会从商业银行账户流向中央银行账户。布罗德本特认为，这个现象可能会让金融体系更安全。

目前各国政府和央行都还没有正式开始使用区块链技术，只是都在考察它的可行性方案，包括英国政府发布了一份 80 多页的报告，专门探讨其在各领域的可行性。英国目前的实时全额结算系统（RTGS）还不稳定，在 2014 年 10 月 12 日崩溃了 9 个小时，英国政府一直希望找到一套更稳定的解决办法，所以正在考察区块链的系统。目前的状态是还未投入实际使用，而是在研究发行数字货币 RSCoin 的方案中。

根据荷兰银行于 2016 年 3 月 16 日发表的一份最新年度报告所透露的信息，荷兰央行正在致力于开发一种被称为“DNBCoin”的内部区块链原型。荷兰央行表示，区块链技术可能会对银行现有的收入模式和银行监察系统产生影响。通过新的数字货币交换方式，将有可能为银行创造新的收益，也可能降低成本，并对荷兰央行的金融监管能力产生影响。但这也尚处于研究开发阶段。

各国政府态度开始出现变化。受到比特币底层技术区块链的吸引，花旗银行、高盛集团、巴莱克银行、摩根大通、苏格兰皇家银行和汇丰银行等银行业巨头也都加入了全球银行业区块链协议。该行业标准有望像如今的 SWIFT 一样，成为未来国际支付的标准。

商业银行基于区块链的应用领域

目前商业银行基于区块链的应用领域主要有：一是点对点交易，如基于 P2P 的跨境支付和汇款，贸易结算以及证券、期货、金融衍生品合约的买卖等；二是登记，区块链具有可信、可追溯的特点，因此可作为可靠的数据库来记录各种信息，如运用在存储反洗钱客户身份资料及交易记录上；三是确权，如土地所有权、股权等合约或财产的真实性验证和转移等；四是智能管理，即利用“智能合同”自动检测是否具备生效的各种环境，一旦满足了预先设定的程序，合同会得到自动处理，比如自动付息、分红等。

除了 R3 CEV，国际上许多大型银行也以各种形式在区块链领域开展一系列探索，归纳来看有三种途径：一是商业银行成立内部的区块链实验室。比如花旗银行、瑞银、纽约梅隆银行等已相继成立研发实验室，重点围绕支付、数字货币和结算模式等方面测试区块链的应用，有的还扩大到其员工内部系统中测试。二是投资金融科技初创公司。2015 年以来，许多跨国大型金融集团纷纷以创投形式进入区块链领域，比如高盛联手其他投资公司向比特币公司 Circle 注资 5000 万美元，西班牙对外银行通过旗下子公司以股权创投方式参与了 Coinbase 的 C 轮融资等。三是与初创公司合作。例如巴克莱银行在技术孵化和加速器项目中与区块链初创公司合作，澳大利亚联邦银行和开源软件 Ripple 合作组队，创建了一个在其子公司之间互相支付转账的区块链系统等。

远在美国硅谷的创业者们聚焦于存储和应用，诞生了一批专注于比特币应用和区块链技术的创业企业，它们离普通用户更近：商业支付、跨境结算让数字货币超越技术层面的协议，真正具有了货币的属性，例如 OKLink 用区块链技术为金融机构和个人构建出一个快速、高效、安全的全球化金融网络。更值得称许的是，越来越多的创业者尝试在产业链最上游的区块链、数据挖掘等领域做基础设施层面的创新。

第三章

区块链率先敲开金融的大门

从贝壳到数字货币

从以物易物到以牛羊、布帛或者贝壳作为交换媒介，传递的是基于信任的生活理念。在人类漫长的关于货币的求索中，货币落脚在金属上，黄金承载了人类关于货币的记忆，而贝壳和布帛不过是货币的“脚注”。纸币是最原始的信用货币，随着科技的进步，货币的形式也更加丰富多彩，电子货币开始走入人们的视野。2009 年，比特币横空出世，它是一串密码、一个数值，构筑了一个跨越时间、空间和国界的信任体系。

“二战”后，以美国为主导的“布雷顿森林体系”建立，美元确立了霸主地位。美元如一匹脱缰的野马，撒到了世界各地，尽管“布雷顿森林体系”在 20 世纪 70 年代就已经落幕，但是美元的主导地位并未改变。创造超主权储备货币一直是一个古老且悬而未决的问题。以比特币为代表的数字货币的崛起，已经引起了 IMF 以及各国央行的关注，为超主权货币提供了无限的想象空间。

那么，货币的实质是什么？为什么说黄金是天然的货币，而现行的货币体系为什么需要超主权货币去拯救呢？

货币的演变

1. 货币和货币体系

货币自身的发展主要有两条源流：一条是货币形式的演变；一条是货币职能的发展。从货币的形式上看，迄今为止，大致经历了“实物货币—金属货币—信用货币—电子货币”几个阶段。从总的趋势看，货币形式随着商品生产流通的发展、经济发展程度的提高，不断从低级向高级演变。这一演变大致分为四个阶段。

第一个阶段：一般价值形式转化为货币形式后，有一个漫长的实物货币形式占主导的时期。贝壳、布帛、牛羊等都充当过货币。

实物货币之所以随着商品经济的发展逐渐退出货币历史舞台，根本原因在于实物货币具有难以消除的缺陷。它们或体积笨重、不便携带；或质地不匀、难以分割；或容易腐烂、不易储存；或大小不一，难以比较。随着商品交换和贸易的发展，实物货币被金属货币所替代也就不足为奇。

第二个阶段：实物货币向金属货币转化。金属冶炼技术的出现与发展是金属货币广泛使用的物质前提。金属货币所具有的价值稳定、易于分割、便于储藏等优点，确非实物货币所能比拟。

第三个阶段：金属货币向信用货币形式转化。信用货币产生于金属货币流通时期。早期的商业票据、纸币、银行券都是信用货币。信用货币最初可以兑现为金属货币，逐渐过渡到部分兑现和不能兑现。信用货币在发展过程中，由于政府滥发导致多次通货膨胀，在破坏兑现性的同时也促进了信用货币制度的发展与完善。20 世纪 30 年代，世界各国纷纷放弃金属货币制度，不兑现的信用货币制度开始登上货币历史舞台。

第四个阶段：货币的现在与未来——电子货币。电子货币作为现代经济高度发展和金融业技术创新的结果，是以电子和通信技术飞速发展为基础的，也是货币支付手段职能不断演化的表现，从而在某种意义上代表了货币发展的未来。随着移动互联网、云计算、区块链等技术的发展，在全球支付方式发生巨大变化的背景下，未来货币的形式将更加多元化和智能化。“数字货币”已不仅是一个概念，还正逐渐变成一种需求。尽管目前数字货币发行还面临科学技术、流通环境、法律规定等一系列问题，数字货币的魅力仍然难以阻挡。

伴随着货币形式的不断演化，世界货币体系也发生了相应的改变。这既是社会、经济、政治因素发展变化的结果，也是货币形式适应这一变化的转变。在 19 世纪初期，由英国主导的国际金本位制度运行了大约一个世纪。“二战”后，由美国主导的“布雷顿森林体系”确立，使美元成为唯一的国际储备货币，尽管在20世纪70年代，“布雷顿森林体系”崩溃，世界进入“牙买加体系”，走向多元化货币时代，但是美元仍旧占据主导地位。

全球经济一体化的发展和国际货币体系的演变产生了对创造超主权储备货币的需求，并使之成为一个古老且悬而未决的问题，那就是什么样的国际储备货币才能保持全球金融稳定并促进世界经济发展。历史上的银本位、金本位、金汇兑本位、“布雷顿森林体系”都是解决该问题的不同制度安排，也曾经有学者提出过建立国际货币单位“Bancor”的设想，也有当前建立SDR的实践。但是金融危机表明，这一问题不仅远未解决，由于现行国际货币体系的内在缺陷反而愈演愈烈。以比特币为代表的数字货币的出现，为超主权货币的出现提供了想象空间。那么数字货币是什么？

2. 数字货币

2014年欧洲银行管理局（European Banking Authority）给出了虚拟货币的定义，即“虚拟货币是价值的一种数字表达，它不是由中央银行或某个公共权威机构发行，也不一定与某一法定货币挂钩，但被自然人或法人接受用于支付手段，可以进行电子化转移、储藏或交易”。根据这一定义，虚拟货币包含三层含义：首先，虚拟货币是价值的数字化表示。虚拟货币具有一定的价值，且以数字化形式存在。它类似货币概念中的“记账单位”，也可以被看成是私人货币或商品。其次，虚拟货币不是法定货币，因为它不是由中央银行或公共权威机构发行（任何由中央银行或公共权威机构发行的货币，不论其采用物理的或数字的形式，都属于法定货币）。目前金融体系中的电子货币属于法币而非虚拟货币。虚拟货币也不一定与法币挂钩，即它与法币没有固定的兑换比率。再次，虚拟货币可以具备“交换中介”的职能，被自然人或法人用作支付手段从他人处获得物品或服务；也可以用来进行电子化储存、转移和交易。不同的虚拟货币被接受和使用的范围不同，可以在很大的范围内被广泛接受，也可以只局限在某个社群内。

参照IMF研究报告的分类，我们可以把数字货币定义为“价值的一种数字表达”，它包括由非中央银行或公共权威机构发行的数字货币即虚拟货币，也包括中央银行或公共权威机构发行的数字化法定货币。下面将从数字货币的信用建立方式、发行方式、功能以及运行机制来看数字货币。

目前从数字货币的生成方式来看，主要有四种，分别是数字法币、基于算法的比特币、众筹发行和资产锚定。央行发行数字货币的前提是国家或者法律授权，尽管现阶段尚未出现，但法律授权将来也会成为数字货币发行的一种方式；比特币是一种算法货币；而众筹发行比较典型的代表是以太币，以太币如果希望基于区块链技术开发一个通用协议，也就是发布一个技术白皮书，并筹集资金来开发，那么就可以发行自己的以太币，以太币可以用来组织一个开发者社区，并实现在区块链上的应用；很多代币的产生，是可以把资产登记在区块链上的，以这个资产作为锚定物，来发行形形色色、各种各样的数字货币。

从建立信用的方式来看，一种是法币，一种是私人货币。数字货币如果是央行来发行的话是基于国家信用，而基于区块链上的通用私人货币，如比特币则是依靠算法来建立信用。以太币虽然也是算法货币，但是它和比特币的不同之处在于以太币的特定用途，当以太榜上智能合约的使用价值越来越高的时候，货币的价值也会随之上涨。

从功能上看，数字法币是履行传统货币的功能，即充当价值储存、价值标准和价值交换的手段。而以比特币为代表的算法货币最主要的是充当交换价值和支付工具的职能。比特币不合适成为价值储藏的手段是由于其币值波动太大。众筹货币主要是用来运行区块链各种各样的通用协议，比如要运行以太坊上的某种通用协议，就需要使用以太币来运行。而代币是锚定货币，锚定的对象是登记在区块链上的资产，是一种智能资产。

从数字货币的运行基础来看，数字法币是基于联盟链或者分布式总账系统技术来运行；比特币是基于公有链来运行；而众筹货币如以太币是基于区块链上的通用协议来运行；而资产锚定的货币——代币，主要是运行在区块链的商业应用上。

由此可见，数字货币以其不同以往的发行和运作方式，实现着传统货币的全部或者部分功能，并在某一领域使得货币的功能发挥得更加灵活和智能。相比纸币，数字货币优势明显，不仅能节省发行、流通带来的成本，还能提高交易或投资的效率，提升经济交易活动的便利性和透明度，同时基于数字货币可以产生更多的应用，实现更为丰富的功能。此外，由央行发行数字货币还可能提升金融政策的连贯性和货币政策的完整性，数字货币超越时空的特性，也使得其在国际贸易和货币流通中发挥作用成为可能。

央行与数字货币——不可或缺的区块链

以比特币为开端，数字货币在2009年横扫世界。如果把数字货币的发展进程看成一场游戏，那么，比特币只不过是开启了游戏的按钮。中本聪可能根本没有想到，比特币竟然以投机炒作的方式进入了人们的视野。截至目前，中国是数字货币交易第一大国，全年交易量占到了全球交易总量的70%。随着数字货币市场的逐渐冷静，人们也开始以更加理性的态度来认识并实践数字货币，各国央行从不认可比特币到打算尝试数字货币无疑就是最好的证明。

1. 中央银行——现代货币体系的守望者

中央银行是国家最高的货币金融管理组织机构，在各国金融体系中居于主导地位。国家赋予其制定和执行货币政策，对国民经济进行宏观调控，对其他金融机构乃至金融业进行监督管理的权限。商品经济的迅速发展、经济危机的频繁发生、银行信用的普遍化和集中化，既为中央银行的产生奠定了经济基础，又为中央银行的产生提供了客观要求。

以美联储为例，美联储是美国联邦储备委员会的简称，其职能实际上就是“美国中央银行”。美联储成立于1913年，由全美12个地区的联邦储备银行组成。联邦公开市场委员会是它的货币政策决策机构，每年在华盛顿召开8次议息会议，决定货币政策的调整方向。它负责制定美国的货币政策，包括规定存款准备率、批准贴现率、对12家联邦银行和其他会员银行及持股公司进行管理与监督。其中，有四个基础政策工具：贴现率、公开市场操作、金融监管和调准备金率。

美联储在货币金融政策上有独立的决定权，直接向国会负责。一般来说美联储的货币发行是这样的：首先，美国政府通过预算案发行国债；其次，政府将发行的国债抵押给美联储；最后，美联储以收到的国债抵押数额发行货币——美元。

为了降低市场利率，刺激经济增长，2008～2013年，美国实施了四轮量化宽松政策，货币超发，美元泛滥，导致了美元的贬值与全球主要货币汇率的升值。汇率的剧烈波动加剧了全球贸易的不平衡，进而又进一步加大了全球经济的不平衡。2013年，美联储启动了量化宽松政策退出的按钮，并于2015年年底进入加息周期。美联储加息无疑将对包括中国在内的新兴经济体的资本流动和币值稳定构成压力。美联储加息就犹如一柄"达摩克利斯之剑"，悬于全球金融市场之上，所以世界各国都在时刻关注美联储的加息情况。

如今随着互联网、云计算、区块链等技术的发展，全球范围内支付方式也在发生着巨大的变化，数字货币的崛起对中央银行的货币发行和货币政策都带来了新的机遇和挑战。目前全世界发行了若干种数字货币，其中最著名的就是比特币。以欧洲为例，2015年，数字货币在该地区的交易额超过10亿欧元，总量虽然不大，但是来势汹汹。基于此，国际货币基金组织和各国金融监管机构，对数字货币及其依托的区块链技术开展了一系列的研究，并积累了一些重要的成果和实践经验。

比特币的崛起使得世界各地的央行行长们开始研究发行数字货币的可能性，到目前为止，还没有哪家中央银行愿意发行法定货币的数字化版本。比特币的出现，有便捷同时暗藏危险，有突破但是也带来了混乱。因此，世界各国央行对待比特币的态度又是怎样的呢？

2. 各国央行对待比特币的态度

对于比特币的监管，各个国家政策差异非常大。

（1）唱好方

美国。在美国加州率先让比特币合法后，美联储在虚拟货币上的野心也不小。早在2014年年底，美联储就发布了一份改善支付系统的白皮书，提出要研究一种加密货币。美联储在白皮书中提到，“和比特币一样，该加密货币将利用互联网的分布式架构的优势来降低直接通信的成本”。但不同于比特币，美联储的对象将是金融机构，而非个人用户，而且美联储所使用的术语是“point - to - point”（点对点），而非“peer - to - peer”（对等计算）。此外，比特币依赖于区块链技术，但美联储的项目所依赖的是一个中央总账系统和当局机关。

英国。英国央行堪称全球范围内对区块链技术兴趣最高的央行之一。在2016年1月的题为《分布式账本技术：超越区块链》的报告中，英国央行提到，正在探索类似区块链技术的分布式账本技术，并且分析区块链在传统金融业中应用的潜力。

不仅是金融领域，英国央行在上述报告中指出，去中心化账本技术在改变公共和私人服务领域都有着巨大的潜力。它重新定义了政府和公民之间的数据共享、透明度和信任。同时，英国央行已组建了区块链技术团队，英国央行行长卡尼在2015年9月也曾表示，考虑发行电子货币的可能性。

有分析认为，这主要源于英国央行正在寻求支付系统的创新支持，并希望能占区块链技术发展的先机重夺国际金融中心的地位。过去一两年，英国的银行自动清算业务系统发生了若干次故障，作为英国所有银行进行转账的主要方式，这一系统在2014年10月曾经一度中断服务9个小时。

德国。比特币在德国是一种价值单位。比特币行业在德国发展相对比较规范，已经纳入国家的监管体系。政府表示，应把比特币当作私人货币和货币单位，个人使用比特币一年内免税，但是进行商业用途要征税。比特币由电脑网络发行，无须任何服务作为回报，因此被排除在电子货币的定义之外，尽管它履行了电子货币的相同经济职能，也有单独发行货币的实际能力。在德国，电子货币的法律概念只适用于那些最终源于真实货币的金融工具，因此比特币实际上被定义为一种商品。这类似于最近一些政府决定把比特币捐赠当作实物捐赠（如捐赠食品和物资）的做法。

2016 年 3 月 1 日，德国联邦金融监管局公开了一份题为《分布式账本：虚拟货币背后的技术区块链为例》的内部报告，对分布式分类账本在跨境支付中的使用，银行之间转账和交易数据的储存等领域的潜在应用进行了探讨。德国联邦金融监管局是德国金融监管的主体，成立于 2002 年，有权监管包括银行、金融服务机构、保险公司在内的所有金融机构，并且可以依法对被监管对象进行处罚。不过，它看起来具有为金融市场建立一个新标准的潜力。不过，德国联邦金融监管局也提醒，需要注意区块链技术在应用中可能会出现的风险，并继续呼吁世界其他的监管机构对区块链进行更加严厉的监管。

（2）唱衰方

泰国。全面封杀比特币。2013 年 7 月 30 日，泰国外汇管理和政策部的高官表示，由于缺乏适用的法律和资本管制措施，加之比特币跨越多种金融业务，因此下述比特币活动在泰国都被视为非法：买卖比特币、用比特币买卖任何商品或服务、与泰国境外的任何人存在比特币的往来。泰国比特币创业公司 Bitcoin Co 表示，由于泰国央行封杀了比特币，因此该公司将停止所有业务。泰国成为在世界各国中封杀比特币的首例。

未来，随着各国监管部门对数字货币的了解加深，各国政府对数字货币的监管政策会越来越明晰，央行发行数字货币也逐渐成为可能。

3. 中国对待比特币的态度从否定、质疑到肯定

IMF 认为数字货币技术具有改变金融的潜力，而且在清算和结算方面具有独特的优势。中国人民银行从 2014 年开始就成立了专门的研究团队，

对数字货币的发行和业务运营的框架、关键技术，对经济、金融体系的影响，以及相应的监管方面的挑战，进行了深入的研究。

中国目前是数字货币交易量第一大国，2015 年比特币的全年交易量占全球交易总量的 70%。中国数字货币交易所的产品、安全性及用户体验也远远超过国外的交易所。比特币在中国的发展经历了“接受—认可—爆炒—下跌”的阶段，到现在，人们对比特币的认识更加趋于理性化。

在 2013 年 12 月 5 日的央行等五部委公布《关于防范比特币风险的通知》之前，比特币交易市场发展得如火如荼，比特币成为各类媒体争相报道的热点和焦点，并在一定程度上引导了更多的热钱涌入投机市场，大量民众参与其中，直接推动比特币在 2013 年 11 月 24 日上涨至 1242 美元的历史最高位。交易平台普遍存在以“网络货币”“未来趋势”“数字黄金”等煽动性炒作误导民众的问题；另外“融资融币”和“杠杆交易”等高风险交易也增强了虚拟商品的投机性。此现象引起了央行的关注，2013 年 12 月 5 日，央行等五部委立即发布《关于防范比特币风险的通知》，抑制比特币的过度投机。该通知明确了比特币不是央行发行的货币，不受法律保护，同时要求各金融机构和支付机构不得开展与比特币相关的业务，明确加强对互联网网站的管理，进行网站备案等工作，防范比特币洗钱风险等事项。

通知一公布，比特币就开始进入震荡下跌的进程。尽管如此，仍有不少交易所选择在此时进入市场，理由是“法不禁则可为”。2014 年 3 月，央行再次向各分支机构下发了一份名为《关于进一步加强比特币风险防范工作的通知》，要求各银行和第三方支付机构在 4 月 15 日前关闭境内所有比特币平台的所有交易账户。此举意味着金融机构为比特币网站平台的交易账户开户为不合法，投资者无法在中国境内为交易进行银行转账和第三方支付。

2014 年 4 月 11 日，央行行长周小川在博鳌亚洲论坛上发表言论，“比特币本来不是央行启动的，也不是央行批准的一个币，我们谈不上什么取缔。与集邮者收集的邮票一样，邮票上虽写有价钱，但主要是收藏品，人们把它当作资产来进行交易。比特币也一样，它更像是一种能够交易的资产而非支付货币，所以，对于央行来说不存在是否取缔的问题”。随后，央行编写的《2013 年中国人民银行规章和重要规范性文件解读》一书出版，书中提到央行发布《防范比特币风险的通知》主要是为了防范虚拟商品的投机风险、洗钱风险及其他风险。

2014 年底，央行原副行长吴晓灵在财经国际论坛上谈及算法货币，她把类似比特币的数字货币定义为算法货币。其核心内容主要在三个方面：

一是算法货币只解决了信用问题，但如果没有适应经济需求的供给调节机制，就无法解决币值波动问题。它可以成为金融产品、金融资产，但无法成为一个好的货币。

二是算法货币能否成为货币取决于参与者的认可和币值的稳定。法定数字货币的支付结算与法定货币可兑换的算法货币的支付结算，必须满足监管的要求，做到交易过程可溯源。以目前的分布式跨境支付的研发状况，它还只能是现有国际清算体系未来的挑战者，现阶段会是多种支付协议的研发和并存。用信息技术构建价值传导网络是值得探讨的方向。

三是法定货币之外的货币为私人货币，私人货币有实物形态，也有数字形态，数字形态的私人货币可以与法定的电子货币共存。

2016 年 1 月 20 日下午，中国人民银行召开数字货币研讨会，探讨了数字货币和区块链等技术，并很快在央行官网上发布会议公告。从公告全文来看，中国央行对于区块链等数字货币技术高度肯定，表示将会积极研究探索央行发行数字货币的可能性，并且首次表示发行数字货币是中国央行的战略目标。这一态度无疑对数字货币和区块链技术在中国的发展有极大的促进作用。

央行探索发行的数字货币，首先，是一种法定货币，具有法定货币的一切职能，与流通中的现钞具有一样的价值。其次，这种数字货币有可能采用某些加密货币的优势技术（如区块链技术）和交易模式（如点对点直接交易），提高金融交易透明度，有效防范洗钱等犯罪行为；还可以提高金融交易效率和安全性，使金融交易的清算时间、交易成本和交易对手风险得以降低；同时，这一数字货币体系不大可能采用完全去中心化的数字加密货币模式，而很可能采用一种完全创新的混合技术架构。

总体来说，央行对数字货币的态度从质疑、否定到逐步认可，这一转变实际上是关注对象从比特币到区块链技术以及未来形式更为丰富的数字货币的转移。随着央行对于数字货币的研究和解读越来越清晰，数字货币的发行越来越成为可能。数字货币和现有货币体系的融合无疑将加速数字货币在全球范围的发展。

Fintech（金融科技）创新最前沿——区块链技术

在这个变化日新月异的时代，唯有“创新”是不变的真理。如何利用技术更好地发展行业，为消费者带去更便捷、更方便、更优质的体验，是各行各业中每个人都不可忽视的问题。随着互联网对日常生活渗透率的不断加深，人们行为的数字化成为现实。由于金融行业对于信息和数据的高度依赖，数据分析技术对于金融行业的改造既具备了必要的技术基础，又有其现实需求，投资界甚至为这类创新创造了一个新词“Fintech”，从这个单词的构词方式上也不难看出其与金融和技术创新的关系。那么Fintech将给金融行业以及我们的未来带来何种变革呢？

1. Fintech——科技创新变革金融

随着互联网在人们生活中的普及度越来越高，人们越来越离不开手机、离不开网络，出现了各种打车软件、外卖软件、手机支付、理财app，似乎生活中的一切包括金融理财都能通过互联网来完成，给我们带来了更便捷、更低成本的使用体验。Fintech更贴切地描述了互联网公司或者高科技公司利用云计算、大数据、移动互联以及区块链等新兴技术开展低门槛的金融服务。沃顿商学院给出的Fintech的释义是：用技术改进金融体系效率的经济行业。

如今，全球各大金融机构运用云计算、大数据、移动互联等技术概念，优化便捷客户的使用体验。比如银行建立生态圈，让客户在旗舰店、全功能网点、简易型网点、ATM 和电子银行间自由选择，无缝衔接各服务流程；利用大数据统计客户的偏好习惯，根据不同客户不同的生命周期，在不同阶段提供灵活组合的贸易融资产品、工具和资产配置服务方案；利用硬件软件技术创新，为客户在跨境贸易方面提供最优资金汇划路线和最佳收费模式，等等。这些科技创新可谓实实在在地改变了我们的生活方式、投资理财方式。如今，美国排名前 100 的金融科技公司的业务范围包括借贷、支付、数字化货币、交易、投资和资产管理等全部传统金融机构的业务领域，其他覆盖领域包括保险、众筹、外汇、零售银行和征信等。成功的金融科技公司的商业模式可归纳为四条策略：通过与 B 端合作的模式批量获取有效 C 端客户；利用互联网和移动设备为客户提供纯线上服务，简化业务流程、优化产品界面、改善用户体验；运用大数据和云计算提供基础信息支持，实现金融服务个性化；以细分市场作为切入点，专注服务特定类型客户，并提供相关增值服务。

金融科技公司致力于利用科技为客户提供更好的金融服务，包括提高金融服务的效率和降低金融服务的成本。信息技术的运用增加了金融服务的受众数量并提高了金融服务的频率，因而扩大了整个金融服务市场的规模。虽然，传统金融机构受到了来自新型金融科技公司的冲击，但是金融科技带来的最大影响是满足了过去传统金融机构无法实现的金融需求，服务了过去未被服务的客户，其实质是降低了金融服务的门槛，使普惠金融成为可能。从数据方面来看，2015 年中国的金融科技服务金额高达 27 亿美元，印度也超过了 15 亿美元，美国的此类风险企业更是吸引了大约 74 亿美元的投资。通过这些数据，我们不难感受到 Fintech 如今在全球的火热程度。

支付可以说是最先让普通大众感受到科技改变生活的行业之一。支付业务的核心在于高效和低成本。以往我们习惯于银联刷卡、现金支付，如今拿着一部智能手机就基本能够行遍天下。支付公司和连锁商户进行合作，除了能快速获得客户量，更是让客户在生活的方方面面感受支付的变革。大部分支付公司致力于为商户提供界面清晰、流程简便的收款服务，支持线上、移动和线下多种场景的支付，如瑞典的 Klarna 和美国的 Stripe，以及中国的支付宝和微信支付等。

网络借贷近年来吸引了大量投资者，也可以说是普通大众最熟悉的金融科技领域之一。互联网平台帮助金融实现脱媒，帮助以往难以获得银行贷款的中小企业和个人消费者满足融资需求。2014 年 12 月，美国的 Lending Club 成为第一家上市的 P2P 借贷公司；2015 年 12 月，宜人贷赴美上市。虽然说我国近来也有 P2P 平台涉嫌非法经营，跑路事件频发，但从整体上看网络借贷行业还是在稳步前进的。网络借贷的优势在于借款方式灵活简便、利用互联网等大数据征信技术对借款人进行筛选，能够针对未被银行覆盖的信贷潜在用户群体。互联网借贷能够与消费金融、供应链金融等结合，产品覆盖车贷、房贷及各类消费贷款。对于网络借贷公司而言，征信技术是核心能力，能够利用互联网技术收集更为广泛的信息，通过大数据分析和机器学习算法为借款人进行信用评级以及为投资者进行风险评级，能够为借贷两端都提供个性化的信用服务。目前网络借贷公司主要切入细分市场，总体来说，网络借贷的客户主要为中小微企业和个人消费者，但每家公司的业务切入点各有不同。有专门针对零售服务行业小企业的借贷公司，如另一家美国的上市公司 OnDeck；有专门为潜在成功人士提供助学贷款和消费贷款的 P2P 借贷平台 SoFi，在提供贷款的同时，平台还提供职场辅导和创业辅导，并组织各类社交活动，助力借款人的事业发展；另有为学生和年轻白领提供分期付款的公司，如美国的 Affirm 和中国的趣分期等。

信用是金融行业的核心，征信技术也可以说是 Fintech 的核心，利用科学技术来解决金融脱媒，那么对客户进行各个维度的数据收集并进行信用评级就显得尤为重要。比如美国老牌数据公司 FICO，其利用 FICO 模型得出的 FICO 分在美国绝大多数金融机构都得到了认可。在 Fintech 时代，FICO 通过电信运营商数据、水电煤数据、金融交易数据等判断个人的征信状况；而在我国也有很多大数据征信科技公司，比如量化派、神州融等，通过与各大电商、银行、社交平台、门户网站及征信机构进行数据对接，构建自有模型来对借款人进行风控打分，从而把控网络借贷等行业的风险点。

但如今的金融科技公司还处于 Fintech1. 0 阶段，技术创新仍在继续，而且可以说科技是 Fintech 的核心竞争力，未来更大的技术创新空间属于区块链技术。区块链，或者说是分布式总账技术的安全、透明、快捷、去中心化、低成本的技术特性对当前的金融系统来说是完美的补充，从加密货币，到智能合约，再到超越货币、经济和市场的公正应用，区块链技术有潜力变革的产业可谓非常多。目前，Fintech 依托的技术还大多基于互联网为全球带来的沟通互联与数据便捷，而区块链将彻底变革我们目前所拥有的技术。区块链给全球带来的变化很可能就像当年互联网为世界带来的变化一样，会颠覆很多传统的产业，改变生产生活线。

2. 从“币”到“链”，区块链能带来什么

谈到区块链，我们就会想到比特币。从技术角度来看，比特币有三层：区块链、协议以及货币。第一层是底层技术，也就是区块链是去中心化的、公开透明的交易记录总账，其数据库是由所有网络的节点共享的，由矿工更新、全民监督，但没有人真正拥有和控制这个数据库；第二层是协议，即区块链上进行资金转账的软件系统；第三层是货币本身，如比特币。不只是比特币，可以说这三层的技术结构对所有的加密货币都是通用的，每一种不同的数字货币对应它独有的货币、协议以及区块链。

在区块链技术出现之前，数字货币和数字资产都有着无限可复制的特点，可信赖的第三方机构如银行、支付宝等履行着中心化媒介的角色，帮助双方确认一笔资产是否被花掉。而区块链点对点的分享技术以及公钥、私钥加密技术将货币的拥有权改为公共总账来记录，且不需要中心化机

构，彻底实现了“去中心化”这一特点。

目前数字化货币还存在着一些问题，比如说从目前来看一旦私钥丢失就无法找回数字货币，而普通用户普遍没有很好保存私钥的能力，这也是比特币目前没有广泛流行的原因，但 Circle 等公司正在试图为客户提供备份保存的解决方案。基于区块链的现实应用，美国出现了 Bitpay 和 Coinbase 等这些成熟的比特币支付方案提供商。但目前商户面临传统支付、比特币支付两套系统独立运行的问题，影响用户体验。Intuit 通过 PayByCoin 模块在传统支付上集成了 Bitpay 和 Coinbase 支付，国内方面如果支付宝、微信能切入，将极大地促进数字货币的普及率。目前比特币的交易还是在用法币结算，其价格波动性也是数字货币未被广泛使用的因素之一。由此也出现了和美元锚定的 Ripple；Bitpay 和 Coinbase 也提供了法币、比特币实时转换的解决方案。区块链技术在国际汇款方面也有着极大的潜力，时效性、低成本都是区块链技术能够带来的优势，目前传统国际汇款交易费率为 7% ~30% 。

比特币可以说是以更宏观的视觉来看市场，利用区块链技术对整个市场去中心化，通过区块链技术转换不同的资产来创建不同资产单元的价值。金融的本质是信任，交易双方或多方通过建立合约来履行信用，而去中心化的区块链技术帮助交易多方共同维护信用。区块链技术的去中心化账本功能可以被用来注册、确认、转移各种不同类型的资产及合约。所有的金融交易都可以被改造成在区块链上使用，包括股票、私募股权、众筹、债券、对冲基金和所有类型的金融衍生品，如期货、期权等。

区块链可以用于任何资产的注册、存储和交易，包括有形资产和无形资产。智能资产能够通过区块链控制所有权，并通过合约来符合现有法律。说到智能资产，就不得不提到智能合约。智能合约的出现意味着区块链交易远不止买卖货币，智能合约就是以数字编码的形式定义承诺。交易双方无须彼此信任，因为交易都是由代码强制执行的。比如，基于区块链的众筹平台主要是以支持初创企业创建数字货币来筹集资金，分发“数字股权”给投资者，这些数字货币作为支持初创公司应获股权的凭证。可以说，区块链能够极大地降低初创公司股权确权的成本，也保证了早期投资人在未来的合理收益。在审计等金融服务机构中，区块链超高透明度、实时又不可篡改的特性能够大大节约审计人员的审计时间及人力物力成本，降低第三方服务机构作假的概率。如要通过智能合约和智能资产来记录和转移更多复杂的资产类型，那么这也就需要强大的脚本系统即最终实现图灵完备（能够运行任何货币、协议和区块链）的系统提供支持，以太坊就是一个以区块链为基础的项目，旨在提供一个具有图灵完备属性的技术平台。

在金融领域以外，区块链技术的价值转移和信用转移特性也有很大潜力，例如在数字身份验证、公证和知识产权保护、音乐及医疗等领域。

3. 各大金融机构纷纷抛出橄榄枝

华尔街是美国纽约市曼哈顿区南部从百老汇路延伸到东河的一条大街的名字，是英文“Wall Street”的音译。“华尔街”一词如今已超越这条街道本身，更指对美国经济乃至全球经济具有影响力的金融市场和金融机构。华尔街金融机构的走势动向一直为全球金融从业人员所关注，而华尔街也不乏很多金融行业的明星人物。摩根大通前高管，人称“华尔街女皇”的 Blythe Masters（布里特·马斯特斯）就是其中的一员。

“华尔街女皇”在摩根大通工作过 27 年，对摩根大通金融衍生品业务做出过杰出的贡献。她是华尔街曾经的大宗商品交易界的“一姐”，28 岁成为董事总经理，创下摩根大通史上最年轻的女高管记录，她担任过摩根大通多个高管职位，包括首席财务官。作为 CDS（信用违约掉期，Credit Default Swap）之母，她构思的金融衍生产品市场规模一度高达 58 万亿美元，也被认为助推了 2008 年的金融危机。2014 年 Blythe Masters 在摩根大通辞职，沉寂一年之后，出任数字资产控股（DAH，Digital Asset Holdings）的首席执行官，再度引起全球关注。DAH 公司的产品主要是为金融机构的结算与清算提供分布式账本解决方案。Blythe Masters 在华尔街大力倡导和宣传区块链的解决方案，因此也被华尔街同行以及媒体称为“区块链女皇”。

2016 年 2 月，DAH 宣布，投行界巨无霸高盛和蓝色巨人 IBM 也加入了其最近的一轮融资，这使得 DAH 在 A 轮融资的总金额上升到了 6000 万美元，这是迄今为止私有或者授权区块链创业公司获得的最大一笔投资。而投资方的来头也都非常引人注目，现在它已经获得了 14 家金融机构的支持，除了高盛和 IBM，本轮融资的其他参与方还包括荷兰银行、埃森哲、澳洲证券交易所、法国巴黎银行、Broadridge 金融解决方案、花旗银行、CME Ventures、德意志交易所集团、ICAP、桑坦德风投、证券托管清算公司（DTCC）以及 PNC 金融服务集团。这轮融资也标志着高盛开始参与比特币和区块链领域的第二笔公开投资，上一笔是发生在 2015 年，高盛领投了比特币服务提供商 Circle 的 5000 万美元融资。高盛全球联席技术主管保罗·沃克在一次声明中表示，高盛非常相信分布式账本技术对于金融机构在全球范围内交易所将扮演角色的重要性，这将是变革性的，高盛将非常期待与 DAH 以及其他金融机构和技术社区一起参与到区块链的技术发展中来。DAH 瞄准的市场包括银团贷款、美国财政部回购、外汇、证券结算以及衍生工具等。在其 A 轮融资之中，他们获得了澳洲证券交易所的千万美元合同，为澳洲证券交易所设计利用区块链技术的证券交易结算系统。澳洲交易所可以说是分布式账本生态系统中的领航者之一，非常有可能成为全球最早应用区块链技术的证券交易所。其非常看重区块链技术所能节约的证券结算成本、股权确权成本以及高透明度等特点。

除证券交易方面外，澳大利亚银行业热衷于区块链在节约成本与安全性上的潜力。目前澳大利亚所有主要银行都加入了全球金融创新公司 R3CEV（以下简称 R3）运行的区块链项目。

R3 是一家总部位于纽约的区块链创业公司，由其发起的 R3 区块链联盟在 2015 年末最初一轮的合作中已经吸引了 42 家巨头银行，其中包括桑坦德银行、摩根大通、富国银行、美国银行、纽约梅隆银行、花旗银行、德国商业银行、德意志银行、汇丰银行、三菱 UFJ 金融集团、摩根士丹利、澳大利亚国民银行、加拿大皇家银行、瑞典北欧斯安银行（SER）、法国兴业银行，等等，可以说是全球范围内最大的银行“拥抱”区块链联盟。2016 年 3 月，R3 宣布开始接受新的合作伙伴，而近期日本 SBI 控股成为首个在第二轮宣布加入该联盟的金融机构，从总数上来看，R3 联盟已经与 43 家全球巨头银行达成协议。与 R3 合作的技术供应商目前有 5 家，分别是 Eris Industries、以太坊、IBM、英特尔与 Chain 公司，R3 还使用了微软 Azure 的区块链即服务（BaaS）。目前由 R3 引导的金融机构联盟已经与 40 家银行合作完成了 5 个不同的区块链解决方案，主要针对商业票据、大型企业所使用的短期债权证券等，参与的客户银行可模型化金融资产、商业票据、短期债务工具，可以进行创建、购买或出售以及赎回操作。R3 负责人表示目前各项模拟测试都会选择较少数量的合作银行分成小群体来进行试验，目前模拟测试已经进行了至少 600 笔交易，不过测试交易中都没有使用到真正的资金。在每次测试结束后，技术供应商都会向参与的银行展示他们的工作，让 R3 客户直观地了解底层技术。而在每次测试后，所有 R3 联盟银行包括没有参与试验的银行都能够共享研究成果。这也是如此多顶级金融机构都趋之若鹜地加入 R3 联盟的因素之一，任何金融机构都不想在新技术的成长期掉队，掌握技术就是掌握未来。

全球各大顶级金融机构的高管也都纷纷发言表示对区块链技术的看好。巴克莱投资银行的首席技术官 Brad Novak 表示，巴克莱已经在共享式账本以及智能合约的价值评估上取得进展，期待能够利用 R3 实验室来协同技术实验，并期待合作实验室能够利用各种知名开源技术。汇丰银行全球银行和市场部首席信息官理查德 · 赫伯特表示，R3 全球访问实验环境以及 R3 联盟能够帮助 R3 联盟中的会员银行合作共享实验成果及智能合约等技术。瑞银高级创新经理 Alex Batlin 则表示，将参与实验的银行连接到一个模拟现实世界的网络中，将理论进行试验，验证如何有效地在安全环境中运行是非常重要的。桑坦德银行则表示，R3 为他们提供了一个与其他金融技术平台协同合作建立一个基于加密货币和分布式总账技术新平台的机会，并表示桑坦德银行热衷于推动这一合作，为塑造日后金融行业发展的新平台而努力。荷兰银行和金融服务集团ING也是R3区块链联盟成员之一。ING的全球交易服务主管Mark Buitenhek（马克·布特何克）接受Coin Desk采访时说，ING正在积极推进探索区块链技术的进程，这个探索过程是具有深远意义的，与世界各地知名银行共同参与联盟合作探索区块链技术并能在内部进行跨行、跨部门的区块链技术更是能够带来实践意义。Mark Buitenhek表示，ING认为区块链在银行和金融环境中有很多应用的潜力，包括证券和交易结算、内部办理、电子身份，也可以作为连接不同设备的支撑网络。

超级账本Hyperledger是Linux基金会于2015年发起的推进区块链技术和交易验证的开源项目，目前它已得到了30家大型公司的支持，包括思科、摩根大通、英特尔、富国银行、伦敦证券交易所、IBM、区块链公司DAH、R3、荷兰银行、埃森哲、芝加哥交易所集团等，成员分布之广也体现了金融与技术的多样性。正如Hyperledger官方网站上的描述，这一项目的目标是发展一个跨行业的开放式标准以及开源代码开发库，允许企业创建自定义的分布式账本解决方案，以促进区块链技术在商业当中的应用。全球各大顶级金融机构给予的支持也体现了金融、技术机构对此开源项目的认可。自从2015年12月计划成立该项目，超级账本项目已经收到来自多个企业的代码和技术，其中包括Blockstream、DAH、IBM和Ripple等，其他社区成员也在考虑如何贡献他们自己的力量。Hyperledger项目是让成员共同合作，专注于开放的平台，以在将来满足多个不同行业各种用户的案例，简化业务流程。

“成百上千的金融科技创业公司正在硅谷崛起，它们拥有大量的智慧头脑和风投资本，而他们正在做的事情就是开发出针对传统银行业的替代技术。”这是摩根大通董事长兼首席执行官杰米·戴蒙在致股东的信中所说的。摩根大通也参与了R3区块链联盟、Linux基金会牵头的超级账本

Hyperledger 账目以及摩根大通前高管领导的 DAH 区块链公司。据摩根大通的首席营运官马特·赞姆斯说，摩根大通计划在 2016 年增加对整体技术的资金投入，从 2015 年的 92 亿美元增加到 94 亿美元，其中 40% 的预算用于新投资和新技术，这将包括与新兴公司的合作。由此不难看出，摩根大通对于金融科技的重视程度。摩根大通大幅度增加对于技术创新的资金投入，积极参与各大区块链联盟项目，就是希望能够掌握最前沿的区块链技术，通过区块链技术来帮助货币结算，为客户提供更快的周转时间、降低银行风险。据《华尔街日报》报道，摩根大通已经悄悄地在测试区块链技术用于美元汇款的可行性，测试汇款在伦敦和东京两个金融中心之间进行，大约有 2200 名客户参与。在其新的区块链计划中，据摩根大通的企业及投资银行的首席行政官萨诺克·维斯瓦纳坦透露，摩根大通计划尽快扩大其对真实交易的测试，第三季度会为某些企业和投资银行的客户，包括一些对冲基金，开展区块链测试等。

区块链技术的实时、不可篡改、高透明度等特性完全匹配审计行业，能够提高审计透明度及各类成本、因此四大会计师事务所都在马不停蹄地探索区块链技术。经过大约一年的研发时间，德勤率先推出了区块链一站式平台 Rubix。这一基于区块链技术的平台不仅能够提高审核购销的速度以及透明度来节约审计成本、降低造假成本，还有望帮助企业客户完成咨询工作。

德勤的竞争对手，审计巨头普华永道也推出了类似计划，试图使用区块链来服务市场。2016 年 1 月，普华永道宣布与 Blockstream 公司达成战略合作伙伴关系，根据 Blockstream 官网的新闻稿表示，这一合作旨在为世界各地的公司提供区块链技术与服务。随后普华永道也成立了一个区块链顾问团队，英国主要金融监管机构的一名前监管者，已被普华永道公司聘请加入这个最新成立的区块链顾问团队。2016 年 2 月，普华永道又与 DAH 达成合作伙伴关系，DAH 将为其提供区块链技术支持，帮助其节约时间和成本。随后普华永道公布了基于区块链技术的解决方案组合，旨在帮助其商业客户从区块链解决方案的构想阶段一步步接近实际应用。普华永道的区块链解决方案组合由 12 项服务组成，涵盖了目前主要金融机构热议的应用分析，功能主要集中在教育、评估，通过这一套解决方案组合，普华永道希望加强其与客户和行业合作伙伴之间的协作。普华永道 Fintech 高管杰里米·德雷恩对普华永道的新服务感到非常自信，他解释这是为了帮助公司了解区块链给金融服务带来影响的规模和范围。

在金融科技、区块链如此火热的表面下，我们也要理性地看待技术创新而不是一股脑地去热炒。区块链确实重要，全球顶级金融机构的高管都难以否认这样的事实，但是根据普华永道最近的一份高管调查显示，有些金融机构对采用区块链技术，仍然保持了谨慎的态度。

从概念上来讲，区块链和银行业应该是完美的合作伙伴：一个分中心化的数据库可允许股票或债券交易近乎实时地进行交易，将交易记录在一个难篡改、难摧毁的链数据库上，无须中间商或清算所的参与，更将繁重的处理成本、长时间的结算时间和人为错误风险都从理论上根除。而以往为防止违约风险的宝贵资本和抵押品也变得可有可无。据区块链创业公司 SETL 估算，每年清算和结算交易的成本高达 800 亿美元，如果能够削减其中的一定比例，那对于银行业来说可谓是降低了很大的成本费用，但将理论彻底实践起来还是存在着一些目前看来不可逾越的差距。比如如何让清算所、交易所和经纪公司同意一种新的系统，而它是否会对其现有的盈利造成冲击？监管问题又如何解决？况且银行自身就聘请了大量的中间商，无论是抵押贷款经纪人还是销售商，这些中间商在这样一个直接交易的世界里又如何能够生存下去？以上所有的这些问题，使得区块链对银行的吸引力显得并不是那么强烈。难怪瑞银在 2016 年 1 月的白皮书中，将这种技术描述为一把“双刃剑”。当然，金融科技的创新，尤其是区块链技术的出现显然是未来的大势所向，只不过还需要时间和资金的投入，但是对于金融机构来说如果不走在技术创新的前列，难免不会被未来的浪潮拍在沙滩上。

金融拥抱区块链

支付汇款——变革的前夜

比特币于2009年诞生之始，也许只是微露曙光，理想主义者便敏锐地嗅觉到了“世外桃源”的味道。于是乎，比特币以摧枯拉朽之势，被挖掘、被追逐、被高高捧起，成就了一批新富的狂欢，接踵而至的是一些人的伤心和迷惘。“挖矿”已经蜕变成一场比较算力的游戏，挖出比特币的同时，也挖出了人性的贪婪。当比特币堆积的泡沫不断膨胀时，心灰意冷的不仅是设计者（它的发展已经与设计者的初衷相背离），也使得理想主义者心生悲凉。然而，待繁华褪尽，赌徒似的交易者离场之后，经过人们的努力，比特币终于走出了自由主义的小圈子。人们开始思索比特币最终给世界带来的是什么。回到理想主义的源头，我们看到了比特币所信奉的自由、平等的价值理念，也开始关注比特币背后的区块链技术。

支付汇款已经成为人们日常生活的重要组成部分。而区块链技术的运用让支付变得更为快捷、便利和实惠。区块链技术的介入，能够让虚拟货币像流水一般在网络上流淌，没有延时，没有折损。区块链技术将催生出一个全新的支付汇款方式，挑战着庞大而臃肿的传统机构。比如 Ripple（瑞波）协议创造了一个比特币投资价值网络支持的去中心化的支付体系，试图让不同货币自由、免费、零延时地汇兑，挑战着 SWIFT（环球银行金融电讯协会）的生存空间。技术的突破、资本的加码、政策的默许，也许这是一个变革的前夜。原来，比特币才是前奏，一席大幕正徐徐拉开。

1. 不简单的支付

汇款是人们日常生活的基础内容之一，微信逐渐普及之后，微信红包不仅将汇款的社交功能明显强化，甚至赋予其娱乐的功能，毕竟在强大的数据处理能力的支持下，人们之间的转账太方便了，这种便利实际上是几百年来金融业务和现代科技共同发展的结果。15 世纪之初，正是威尼斯商人对大量的汇兑业务的处理才促成了现代银行的诞生，进而又衍生出商业银行“存、贷、汇”的基本职能。事实上，银行汇款已经发展成为银行接受客户的委托，利用一定的工具，通过资金头寸在代理行或者联行之间的划拨，将款项交付给国外收款人或债权人的结算业务。汇兑两地属于两国时，即为国际汇款。一般来说汇款的种类有三种，即信汇、电汇和票汇。如下图 3－1 所示。

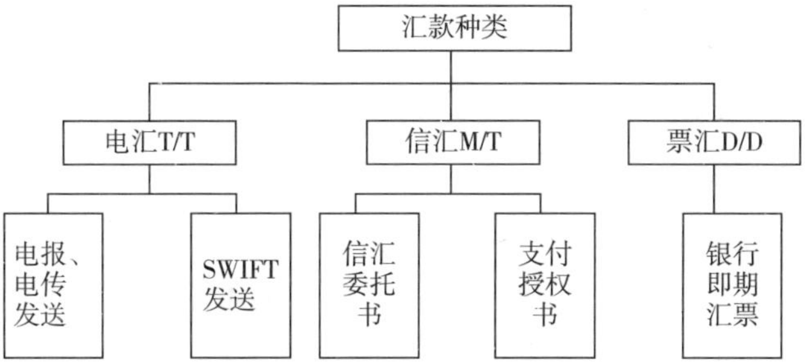

图 3－1　汇款的种类

资料来源：2015 年 3 月普华永道对 544 位金融高管的调查

（1）汇款的种类

信汇（Mail Transfer，简称 M/T）。进口人（即债务人或称汇款人）将汇款及手续费交付给汇款地的一家银行（汇出行），委托该银行利用信件转托受款人所在地的银行（汇入行），将货款付给出口人（即债权人或称受款人）。这种汇付方法，需要一个地区间的邮程的时间，一般航邮约为 7～15 天，视地区远近而异。如用快递可以加速 3～5 天。

电汇（Telegraphic Transfer，简称 T/T）。汇款人将一定金额的汇款及汇付手续费付给当地一家银行（汇出行），要求该银行用电传或电报通知其国外受款人所在地的分支行或代理行（汇入行）将汇款付给受款人。这种汇款将时差计入，一般当天或隔天可到，最为快捷，但电汇费用比较高。

票汇（Demand Draft，简称 D/D）。汇款人向其当地银行（汇出行）购买银行即期汇票，并直接寄给受款人，受款人收到该汇票即可去指定的付款银行取款。这种银行汇票和逆汇法的商业汇票不同，银行汇票用于银行的代客拨款，故受票人和付款人是同一银行（或代理行）。

电汇是以电报或电传作为结算工具；信汇是以信汇委托书或支付委托书作为结算工具；票汇是以银行即期汇票作为结算工具。票汇与电汇、信汇的不同在于票汇的汇入行无须通知受款人取款，而由受款人持票登门取款。汇票除有限制转让和流通者外，经受款人背书，可以转让流通，而电汇、信汇委托书则不能转让流通。

如今，越来越多的市民愿意选择银行卡汇款，只要提供对方姓名和卡号，即可实现异地无卡存款，多家银行都已开通此业务。汇款地分布是否广泛，汇款支取是否方便成为考虑的重要指标。而眼下，随着电子汇款渠道的普及以及第三方支付的发展，更多的人启用网银、手机银行汇款。尤其是在国际汇款时，更倾向于选择电子汇款以及网络汇款的方式。

（2）国际汇款的五种渠道

电汇最常用、最主流，但花费高。据了解，目前市民办理境外汇款业务大多是通过电汇办理，这分为外汇汇款和外钞汇款。在办理电汇业务时，需要向银行准确提供汇款货币及金额、收款人姓名及地址、收款人开户银行账号、收款人开户银行名称、SWIFT 码及地址或者中转行的 SWIFT 代码。

银行电汇要支付三项费用：一是汇款手续费，二是汇款过程中的电讯费，另外不可忽视的是“钞转汇”的费用，也就是说使用人民币现钞或者美元等外币现钞办理汇款业务，都会被要求按当日的汇率缴纳钞汇差价费用（汇款本金 × 当天的现汇卖出价/当天的现汇买入价 − 汇款本金）。此外，在汇款过程中，中间机构会收取一定的费用，要保证收款人收到既定的金额，一般还需要多汇一些，并在人民币账户中多锁定一些备用金，以防预期外的手续费产生。由于时差原因和是否需要中转等原因，汇出的款项通常在 3 ~5 个工作日到账，最快第二天到账。各家银行的手续费最低和最高限额有所不同，如表 3 –1 所示。

表 3 –1　部分银行办理国际电汇业务的收费情况说明

银行	手续费费率（按汇率金额计，‰）	手续费最低限额（元）	手续费最高限额（元）	电报费（元）	电汇时间（工作日）
工商银行	1	20	200	100	2 ~3
建设银行	1	20	300	80	3 ~5
中国银行	1	50	260	150	2 ~3
农业银行	1	20	200	80	3 ~5
交通银行	1	50	200	150	3 ~5
招商银行	1	50	200	150	5
民生银行	1	50	200	125	3 ~5
兴业银行	1	50	200	150	5
中信银行	1	20	250	100	3 ~4
邮政银行	0.8	20	200	70	1 ~2

以中国银行为例，汇款手续费按照汇出汇款金额的 1‰，最低 50 元/笔，最高 260 元/笔收取；电讯费标准为港澳台地区发电 80 元/笔，国际发电 150 元/笔。

网银国际汇款。以往，涉及外汇外币的很多业务需要亲自到银行柜面办理；现在，通过网银就可以在家操作完成。目前很多银行都已经开通网银境外汇款业务。

在国内网银办理境外汇款，一般汇出者的储蓄卡须是用大陆居民身份证开立的，且外汇额度够用，而收款人账户需为个人账户、学校账户或慈善机构账户，暂时不支持对境外公司账户转账。而填写申请时的信息和到账时间则与在柜台办理无异。

值得一提的是，用网银办理境外汇款的话，相比柜台办理可以获得一定的手续费优惠。

支付宝。日前，上海银行国际汇款业务正式进驻支付宝钱包，通过其“国际汇款”服务窗和应用，支付宝实名用户可以手机办理跨境汇款。

与传统的银行电汇不同，支付宝钱包的“国际汇款”服务支持24小时手机办理跨境汇款。用户只要下载并登录最新版支付宝钱包，在首页选择“国际汇款”应用或者关注“国际汇款”服务窗，即可使用由上海银行提供的国际汇款服务。汇款时，用户只要填好收款人姓名、国家、银行账号、币种、金额等必要信息，并用人民币完成支付后，就可以实现境外汇款办理，上海银行会快速完成后续货币兑换汇款操作。通常情况下，3～5个工作日就可以到账。

目前，支付宝钱包的“国际汇款”服务窗支持美元、欧元、港元、加拿大元、澳大利亚元、瑞士法郎、英镑、新加坡元、日元九大币种的汇款。

visa汇款的优势是手续简单。visa汇款服务也是一种比较方便实惠的境外汇款方式，并支持7×24小时办理。与其他方式相比，其最大的优势在于不需要了解各种复杂的信息，比如境外银行国际代码、地址等，而只需要收款方的一个visa卡账户就可以了。

目前该业务的合作银行为工商银行，所以需要先成为工行网上银行（u盾或动态口令卡）客户，而收款人只需拥有全球任一visa卡账户即可。

用西联汇款或速汇金即时到账。如果急于在最短时间内将款项转入境外账户，可借助西联汇款渠道，但很贵。目前专业汇款公司纷纷和国内银行合作，推出了一系列的跨国汇款服务，如与农业银行、邮局合作的西联汇款，与工商银行合作的速汇金汇款等。速汇金到账一般只需10分钟左右，而西联汇款也只需要15分钟左右，它们免收钞转汇费用、中间银行手续费和电报费，只按照相应的汇款金额所属等级一次性收取手续费。

目前，西联汇款与多家银行合作，开发了网上银行发出西联汇款的通道。西联汇款是国际汇款公司（Western Union）的简称，是世界上领先的特快汇款公司，迄今已有150年的历史，它拥有全球最大、最先进的电子汇兑金融网络，代理网点遍布全球近200个国家和地区。西联汇款公司是美国财富500强之一的第一数据公司（FDC）的子公司。汇款人可以通过银行个人网银寄出汇款。办理时，汇款人需要先填写“发汇表格”，在递交表格、汇款、手续费及个人身份证件后，会收到一张印有汇款监控号码（mtcn）的收据。凭此号码，可在网上跟踪汇款状态。当然，也需要将汇款信息，特别是这个汇款监控号码告知收款人，以便其领取汇款。

尽管随着技术的进步与第三方支付的渗透，跨境汇款方面的便利性与以往相比有了一定程度的提高，但是，大多情况下，人们在办理跨境汇款业务时，还是要受到各种条件限制，如需要提供相关的证明和缴纳高昂的手续费。可以说，现阶段，跨境汇款提供的服务还不能很好满足人们的需要。那么，是什么导致了跨境汇款的诸多问题，何时才能享受到方便、快捷与低廉的跨境支付服务呢？

2. 跨境汇款的烦恼

提到跨境汇款，最绕不开的就是SWIFT。每天通过SWIFT网络进行的支付委托超过6万亿美元，有210个国家的逾1万家金融机构参与交易。众所周知，电汇是最常用的国际汇款方式，其中，国际汇款的电文通常用SWIFT制定的标准方式发送。SWIFT是跨国转账的高额“电讯费”的真正收费者。

SWIFT是国际银行同业间的国际合作组织，成立于1973年，总部设在比利时的布鲁塞尔，目前全球大多数国家的大多数银行已使用SWIFT系统。同时在荷兰阿姆斯特丹和美国纽约分别设立交换中心（Swifting Center），并为各参加国开设集线中心（National Concentration），为国际金融业务提供快捷、准确、优良的服务。通过SWIFT网络，一个位于中国的银行使用电子化手段可以和一个位于纽约的机构之间进行客户信息交换、银行间资金清算、支票清算、共享余额或证券交易等信息。SWIFT的使用为银行的结算提供了安全、可靠、快捷、标准化、自动化的通信业务，从而大大提高了银行的结算速度。

SWIFT 运营着世界级的金融电文网络，银行和其他金融机构通过它与同业交换电文（Message）完成金融交易。中国是 SWIFT 会员国，中国银行、中国工商银行、中国农业银行、中国建设银行、中国交通银行等均加入了 SWIFT 组织，开通了 SWIFT 网络系统。

SWIFT 自投入运行以来，在促进世界贸易的发展，加速全球范围内的货币流通和国际金融结算，促进国际金融业务的现代化和规范化方面发挥了积极的作用。SWIFT 的设计能力是每天传输 1100 万条电文，而当前每日传送 500 万条电文，这些电文划拨的资金以万亿美元计，它依靠的便是其提供的 240 种以上电文标准。SWIFT 的电文标准格式已经成为国际银行间数据交换的标准语言。这里面用于区分各家银行的代码就是“SWIFT Code”，依靠“SWIFT Code”就能将相应的款项准确地汇入指定的银行。

尽管 SWIFT 在跨境汇款方面发挥了基础性的作用，但是其高昂的手续费常常备受诟病。不仅如此，需要在特定的时间办理跨境汇款业务、输入各类信息、烦琐的办理手续以及较长的汇款时间严重影响了客户的体验。同时 SWIFT 还面临着安全问题，包括支付风险和系统风险。

可以说高昂的手续费和漫长的转账周期一直是跨境支付的痛点。一是延时问题。在跨境汇款时，首先需要经过代理行建立关系，比如欧洲的代理行还要通过欧洲 SEPA 转账系统进行转账。中间方之间需要相互建立信用关系。由于中间代理层级多就产生了延时问题，跨境汇款经常需要 2 ~ 3 个工作日的时间，资金的流动性由于延时大幅度下降。二是费用问题。汇款费用贵的原因在于基础设施方面：固定费用、金融伙伴、审核制度、全球机构和运行一个全球的支付网络。不可忽视的是，不透明也是费用过高的重要因素，因为不透明降低了同行的竞争。此外跨境汇款的每一个环节都要收费。例如 SWIFT 会对通过其系统进行的电文交换收取较高的电讯费，在我国通过中国银行进行跨境汇款会被收取单笔 150 元的电讯费。三是风险问题。比如中国的银行把钱支付出去，美国的银行违约倒闭了，就会导致中国的银行连带出现问题。四是不利于反洗钱和反恐的要求。由于中间经过的人太多，资金流动增加了不确定性和隐匿性，也增加了监管的难度。

在2012年，全球总共的汇款额达到了5340亿美元，年增长率为8%。事实上，汇款是世界上最贵的一种支付形式，在2013年的第一季度汇款所产生的费用占比为9.05%。金融汇款操作员们从转账费用、外汇转换的手续费、服务费和各种名目繁多的收费中获得巨额利润。在2012年，世界上最大的汇款机构西联汇款净赚取了10.2亿美元的利润。这些费用对任何人来说都是很高的，尤其对低收入人群会造成更大的压力。世界银行曾经评价："如果汇款的手续费降低5个百分点，那么发展中国家每年将会节省超过160亿美元。这些省下来的钱可以用到消费、储蓄、投资当中去。"

犹如天秤的两端，一端是以SWIFT为主体的机构和银行，另一端是个人用户。不管用户对于跨境转账的抱怨有多少，SWIFT仍旧可以丝毫不予理会，因为天秤永远不会偏向用户。

但是基于区块链或分布式网络技术即将改变这一格局。在区块链技术去中心化的机制下，用户能以更低的费用和更快的速度完成跨境转账，它的出现似乎与人们的期待不谋而合。生活在互联网上的人们，呼唤着快捷、方便与随心所欲，厌恶复杂、迟钝和昂贵，早已经厌烦某些组织的"规定动作"，迫不及待地想开始新的尝试，一场新的支付革命呼之欲出。

3. 为什么是Ripple

"春江水暖鸭先知"，最先引起警觉的便是风投机构。与此同时，区块链技术在国际汇款上的应用已经引起了各国的关注。越来越多的大型金融机构开始尝试，使用区块链技术进行跨境业务结算。2015年，伦敦交易所、法国兴业银行（Société Générale）和瑞银集团（UBS，United Bank of Switzerland）已经开始探索区块链在该跨境汇款方面的应用。韩国和区块链的相关事件也逐渐增多。除了2015年底韩国新韩银行参与区块链企业的融资之外，韩国央行在2016年1月的报告中也提出鼓励探索区块链技术。韩国国民银行（KB Kookmin Bank）正在开发基于区块链技术的国际汇款解决方案，目标是引入“更安全、更快”的外汇服务。另据报道，Visa欧洲公司宣布它正在开发基于区块链的汇款服务。其目的是可以为发送方和支付接收方制定出更完备的汇款服务，包括费用、交易速度和使用便捷性。除了摩根和Visa之外，瑞穗金融集团也开始投入这一领域。瑞穗的区块链项目还包括与微软日本、区块链初创企业Currency Port及ISID（Information Services International－Dentsu）合作银团贷款系统开发。菲律宾已经开始用比特币驱动的汇款服务，为该国海外公民向家乡汇款提供服务。据悉，将比特币技术应用在国际支付的业务上能够为整个银行业节约150亿～200亿美元的交易成本。利用区块链技术布局跨境汇款业务已经成为大型金融机构抢先布局的阵地。

近年来，支付领域的创新不断，尤其是第三方支付的发展使得人们重新审视科技给予生活的便利。中国央行原副行长吴晓灵曾指出，分布式跨境支付用信息技术构建价值传导网络是值得探讨的方向。在国际汇款及跨境支付上，虚拟货币有其天然的优势。虚拟货币全球流通，不受地域限制，实实在在解决了在效率和成本上的问题，尤其在小额支付领域也被认为有非常大的潜力。

在跨境汇款实践方面，不得不提到的是Ripple。Ripple成立于2012年，致力于建立一个去中心化的全球汇款系统。截至2015年10月，该公司的A轮投资已经达到3200万美元。Ripple支付协议利用去中心化的支付清算协议致力于挑战目前全球银行已经通用的SWIFT协议。那么，Ripple为什么能够获得资本的青睐？Ripple和瑞波币又是什么关系呢？Ripple支付协议是靠什么来挑战SWIFT协议的呢？

在Ripple网络发展的早期，其用户一直不多，仅流行于若干个孤立的小圈子，原因是Ripple协议的最初设计思路是基于熟人关系网和信任链的。一个人要使用Ripple网络进行汇款或借贷，前提是网络中的收款人与付款人必须是朋友（互相建立了信任关系），或者有共同的朋友（经过朋友的传递形成信任链），否则无法在该用户与其他用户之间建立信任链，转账无法进行。2013 年，Ripple Labs 成立并开始搭建代表“未来支付”的平台。在这个平台上，Ripple 网络引入两个机制来解决孤立小圈子的问题。

其一是推出瑞波币，它作为 Ripple 网络的基础货币，就像比特币一样可以在整个 Ripple 网络中自由流通，而不必局限于熟人圈子。瑞波币是一个网络内的工具，它有两个作用，一是防止垃圾请求攻击（由于 Ripple 协议的开源性，恶意攻击者可以制造大量的“垃圾账目”，导致网络瘫痪。为了避免这种情况，Ripple Labs 要求每个 Ripple 账户都至少有 20 个瑞波币，每进行一次交易，就会销毁十万分之一个瑞波币。这一费用对于正常交易者来说成本几乎可以忽略不计，但对于恶意攻击、制造海量的虚假账户和交易信息者，所销毁的瑞波币会呈几何级数增长，成本将是巨大的）；二是作为桥梁货币，成为各种货币兑换的中间物。

其二是引入网关（Gateway）系统，网关是 Ripple 网络中资金进出的大门，它类似于货币存取和兑换机构，允许人们把法定货币、虚拟货币注入或抽离 Ripple 网络，并可充当支付双方的桥梁，即作为陌生人之间的“共同朋友”，相当于 SWIFT 协议中的银行，这使得瑞波币之外的转账可以在陌生人之间进行。

瑞波币是 2013 年引入 Ripple 系统的，瑞波币的存在相当于是 Ripple 系统的润滑剂和桥梁，为 Ripple 系统的流动性提供了巨大的便利，从而带动了 Ripple 系统的发展。但是，Ripple 系统中最重要的不是瑞波币，而是 Ripple 支付协议。

相比比特币，瑞波币更透明一些，没有涨跌风险，交易速度更快。比特币的交易一般需要至少 10 分钟才能确认，而瑞波币确认只需要 5 秒。未来还有可能支持所有虚拟货币，且由 Ripple 网络自动进行汇率换算。

Ripple 支持任何货币，而且它还能让用户随意选择货币：用户可以选择持有一种货币，但使用另一种货币支付。在 Ripple 之中用户可以持有美元，同时以日元、欧元、比特币、黄金以及其他任何货币向商家进行支付。Ripple 网络通过在大量争相赚取差价的做市商之间传递兑换单的方法来进行货币“兑换”。

Ripple 的分布式外汇交易可以让用户无须中间人，也无须其他兑换所就能完成交易。任何人都可以在全球的订单池中输入买单或卖单，而 Ripple network 会找到最有效的途径来撮合交易。无须网络费用，也没有最低数额限制。

网关作为 Ripple 支付系统之中的节点，在支付和转账过程中起到了举足轻重的作用，目前，中国国内已经发展了几个比较大型的 Ripple 网关，在全世界公开的 21 家 Ripple 网关中，中国占三家，它们分别是 Ripple China、Ripple CN、Ripple Fox。目前 Ripple Fox 的发展最为迅速。

2014 年，Ripple 实验室宣布德国 Fidor 银行成为首家接入 Ripple 协议的银行，这意味着瑞波币开始被金融机构接受。但是，可以说 Ripple 的颠覆之路走得并不顺畅。2015 年底，Ripple 关闭了在线钱包服务，逐渐将重点转移到 B2C 业务。仅仅 2015 年，Ripple 就与苏格兰皇家银行、西太平洋银行、澳新银行、澳大利亚联邦银行等多家银行达成合作，此举或许是策略的调整，将重心转移至全力为银行提供基础设施技术。虽然有了起步，但新生代要“征服”银行，仍是任重道远。

与 Ripple 自己建立了一套类似去中心化的技术系统不同，近年来诞生的如 Align Commerce、Bitwage 和 Abra 等公司，主要是基于区块链技术，以比特币充当货币媒介来实现整个汇款流程。这些公司获得了资本的青睐，是跨境汇款的先行者。但是，这三家公司面临比特币价格波动的风险，即在汇款期间比特币价格发生变动从而影响货币的正常兑换。Abra 是通过生成智能合同交由一个对手方来套期保值。Align 则声称有很多交易所合作伙伴，比特币价格波动对其影响不大，但是如果兑换量过大，还是难免对比特币的价格产生冲击。因此，这类平台的业务发展将在一定程度上受制于比特币交易的规模，需要进行比较复杂的比特币交易设计。

另外一家令人瞩目的则是中国的 OKcoin，该公司成立于 2013 年，目前是国内最大的比特币交易平台。币行是 OKCoin 公司旗下的重要产品之一，是方便易用的比特币－法币超级钱包，是建立在开放的比特币网络上的开放的钱包、支付、清算、结算产品。币行钱包能够大大降低支付和汇款的手续费成本，提升效率，带来比特币交易的极速体验。除了提供实时、免费的跨国汇款服务之外，还提供比特币买卖，比特币保险柜等功能，增强了比特币的投资，方便了用户和商户的使用。

4. 未来还将发生什么

以比特币为代表的数字货币，并非是人民币等法币的直接对手，其更类似支付宝一类的支付系统，是对人民币等法币的补充，相当于国际跨界支付的一种中介信用。

建立在去中心化的P2P信用基础之上，虚拟货币超出了国家和地域的局限，在全球互联网市场上，能够发挥出传统金融机构无法替代的高效率、低成本的价值传递的作用。每个人的密码学钱包都可以发展成一个"自金融"平台，它可以进行P2P的支付、存款、转账、换汇、借贷以及全网记账清算，可以通过比特币、以太坊和瑞波币等智能货币系统发行自己的金融合约产品和信用借条。

区块链可以解决跨境汇款成本和效率问题的共同基础是去中心化技术，即交易双方不再需要依赖一个中央系统来负责资金清算并存储所有的交易信息，而是可以基于一个不需要进行信任协调的共识机制直接进行价值转移。建立一个可靠的、中心化的第三方机构需要庞大的服务器成本和维护成本等，一旦受到攻击可能会影响整个系统的安危。而去中心化的方式在节省这些成本的同时，其系统的每个节点均存储了一套完整的数据拷贝，即便多个节点受到攻击也很难影响整体系统的安全。因此对去中心化模式而言，其本身的价值转移成本及安全维护成本都相对较低。但同时需要注意的是，这里的成本仅是针对提供服务的机构而言，如果包含整个基础设施的费用，其社会成本则会急剧上升。尤其值得注意的是，尽管区块链技术确实能够在内部逻辑和运行方式上较好地保障数据安全，但仍难以抵挡黑客对外部设施如用户电子钱包、交易平台等的攻击，且匿名机制使得用户的货币被盗后难以获得法律保障。

除此之外，也面临着政策风险，即政策当局一般会对用户的跨境资金转移进行监管以防范洗钱等行为，而类似区块链技术的匿名机制则为这种行为提供了便利，必然会引起监管当局的关注。

具体到跨境汇款场景，由于其在全球范围内仍缺乏一个低成本的解决方案，不同国家之间还存在文化、政治、宗教等因素的差异，区块链技术这一去中心化、去信任化的模式是一个非常有吸引力的解决方案，但是具体的技术路线和实践效果仍然有待观察和检验。

区块链将重构股权清算结算

尽管2015年的中国股市又经历了一次大涨大跌，但国民对股票投资的热情还将持续，中国股民数量已超一亿人。随着智能手机和炒股APP的普及，普通股民投资股票越来越便捷，但支持如此庞大数量的股民完成交易的确是一个非常复杂的系统。在每个交易日9∶15～15∶00的交易时间内，柜台交易系统不断地接收客户的买卖股票的委托，向交易所报盘和从交易所接收成交是否成功的回报信息。柜台系统内部遵照一系列的资金记账原则，例如，买了股票就把客户资金减少，卖了股票就增加客户可用资金，通过调整账户信息记录交易行为。但是，在交易时间内发生的这些资金和证券余额的变动都是临时性质的，必须通过一次“清算”活动，来把当天的所有业务记录到客户账户的余额上，把当天的每笔交易情况归并到历史交易记录中。传统的证券交易需要经过中央结算机构、银行、证券和交易所四大机构之间的协调，才能完成股票交易，效率低、成本高。针对目前资本市场中存在的种种问题，国际各大金融机构开始积极探索区块链应用，包括纳斯达克开发基于区块链的证券发行与交易管理系统；澳洲证券交易所探索利用区块链升级证券结算系统；DTCC、伦敦交易所、芝加哥商品交易所、德意志交易所等机构联合参与“超级账本项目”，等等。那么区块链技术将为证券业带来怎样的一条龙式服务呢？

1. 现实中的证券清算和结算

证券的清算和结算是现代证券交易业务的基础环节，两个环节既相互联系又有所区别。清算业务主要是指对每一营业日中每个证券经营机构成交的证券数量与价款分别予以轧抵，对证券和资金的应收或应付净额进行计算的过程；而结算业务是指证券交易完成后，对买卖双方应收应付的证券和价款进行核定计算，并完成证券由卖方向买方的转移和相对应的资金转移的全过程。由于结算是进行下一轮交易的前提，结算能否顺利进行，直接关系到交易后买卖双方权责关系的了结，从而直接影响交易的正常进行和市场的正常运转。

从国际结算机构的发展历程来看，证券交易平台发展的主要惯例和趋势是交易平台与结算平台前后分离。作为后台，托管与结算业务趋于集中化、一体化；从国际结算方式的发展进程来看，结算方式更加先进，突出电子化、专业化的发展，加强时效性。

目前，我国证券市场已经形成“两所两网”的局面，即上海证券交易所和深圳证券交易所，而且“两所”各自发展，互相竞争。“两网”走向统一，各自的清算登记体系也主要形成了三种模式，即深圳模式、上海模式以及 NET 与 sTAQ 模式（法入股模式）。

从我国证券交易的结算机构方面来看，中国证券登记结算公司（以下简称中证登）主要负责上海证券交易所和深圳证券交易所（以下简称交易所）上市公司股票、可转债、基金的登记、托管和结算，作为清算的中央对手方；同时，中证登还负责交易所上市国债、地方政府债、公司债券分托管、交易所场内债券交易的清算，作为其清算的中央对手方。中证登目前主要实行两种交易结算方式为两极结算，其中一级结算主体为投资者与券商，二级结算券商与结算公司。一级结算中：证券交收为 T+1 开市前，资金交收为当日 T+0；二级结算中：证券交收为 T+0 收市后至 T+1 开市前，资金交收为 T+1。股票与基金的交易实行 T+1 的交易方式。即当日买进的证券，要到下一个交易日才能卖出。同时，对资金仍然实行 T+0，即当日回笼的资金马上可以使用。但交易所证券结算系统尚未与央行的大额支付系统谅解，资金结算与证券交割无法实现真正意义上的DVP（券款对付）。

目前我国这种证券清算登记制度的不足主要在于“两所两网”各自为政，互相独立，而市场参与者却是共同的。一般的证券商都会同时拥有“两所两网”的交易席位，但交易清算机制又互相独立。因此，加重了券商的成本负担，增加了资金周转风险，不利于券商和投资者在各个市场间的流动，最终会限制全国市场的整体发展。另外，清算登记系统只限于为场内交易提供服务，不注意跨市场、跨地区、跨领域的交收业务的发展，过分依赖场内交易，对清算登记系统的发展不利；只对会员机构服务，不注意对个人客户业务开展，大大降低了清算登记系统的效率。而且，资金清算依赖于银行体系，尤其是人民银行电子联行系统。因此，银行系统的效率直接影响证券市场资金交收效率。

2. “交易即结算”——区块链为证券市场带来的新变革

高成本、低效率一直是全球证券股权交易的问题所在，而作为一种数字化，安全防干扰的分布式数据库，区块链不仅能实现银行业价值安全储存、转移中心的核心功能，又能有效解决目前证券清算与结算的问题所在。由于区块链技术能够为许多金融市场带来庞大的低成本计算能力，让数字资产在交易的对手方之间进行转移而不需要任何中央机构来实现交易的特性，全球交易和结算运营者都已经开始对区块链技术的潜力表现出持续增长的兴趣。区块链本质上是一个跨越全球网络的数据库，区块链的产生基于相互独立的网络系统而不是中心化的系统，区块链账本的安全透明、不可篡改、易于跟踪等特点使其可以实现对证券登记、股权管理、证券发行进行数字化管理，且变得更加高效和安全。在传统的IPO（上市）流程中，需要先审核，再负责发行和交易。由于区块链使用了先进的计算机加密技术来跟踪交易，它在证券结算清算系统中能够省略清算所、审计员去验证交易的步骤，不再需要托管人员去验证投资者股票持有的真实性。从本质上看，这是在证券结算与清算的过程中“去中心化”，在交易系统中省略了中间人和后台，降低了第三方审计、记账和验证交易的高额成本，从而降低了证券交易所的交易成本。此外，点对点交易也意味着清算过程可以实时发生，与传统“T+3”和“T+2”的清算时间相比，区块链技术提高了资产的流动性，让交易者持有股票等同于手持现金，而资产的高流动性也意味着证券交易所能够吸收更多的股票投资。区块链技术还带来了高透明度的权益市场，由于每个交易参与者都有完整的交易记录，伪造交易或者篡改交易记录的行为几乎不可能实现。如果发生虚假交易或是篡改交易，参与交易的交易者会发现账本记录中出现不同，然后拒绝进行交易。区块链技术也为增加证券发行的灵活性创造了条件，利用区块链技术生成的智能合约，在最理想的情况下，可以实现任何人以自己任意设定的方式自行发行资产凭证，通过区块链实现24小时不间断运作，所有人都可以在去中心化的交易平台上自由竞价完成交易，而撮合也是去中心化的，“交易即结算”在区块链体系中变得非常现实。此外，区块链是一种分布式的总账，这也意味着所有使用它的人都可以维护它，而不是通过一个中心化的计算机，从理论上而言，这使得区块链系统比中心化的总账更为安全，其维护也更为经济。

我们可以从如下两个图来看运用区块链技术后，证券结算与清算系统会有怎样的变化。图3-2是美股中典型的“T+3”结算方式，也就是交易发生后第三个工作日才能完成清算交割。在传统证券交易中，证券所有人发出交易指令后，指令需要依次经过证券经纪人、资产托管人、中央银行和中央登记机构这四大机构的协调，才能完成交易。整个流程效率低、成本高，且这样的模式造就了强势中介，金融消费者的权利往往得不到保障。据估算，美国两大证券交易所每年所需清算和结算的费用高达650亿~850亿美元，但如果将“T+3”天缩短一天为“T+2”，每年费用将减少27亿美元。

而利用区块链技术改善的证券交易结算系统会怎样呢？如图3-3所

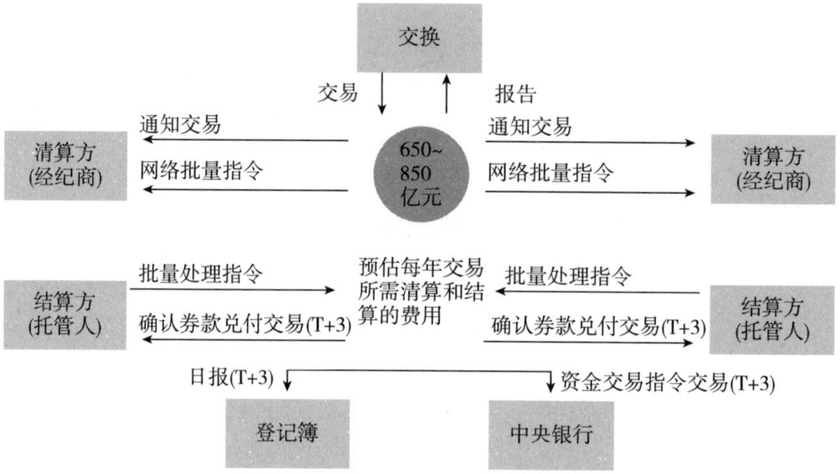

图3－2　证券结算和清算系统中典型的“T＋3”

资料来源：巴比特

示，买卖双方能够以智能合约直接实现自动配对，并通过分布式的数字化登记系统自动实现清算结算。这就意味着没有中央记账系统参与，而是通过每个参与者将发生的每笔交易记录下来的方式确认交易。由于区块链数据不可撤销且能够在短时间内将数据拷贝至每个数据块中，真实的交易信息能够快速、准确地在区块链上产生公示，证券交易的买方和卖方、交易股票数目、股价、交易时间和资金的结算都会被真实记录下来，交易的发生和所有权的确认不会再产生争议。与以往交易确认需要“T＋3”天不同，区块链上结算和清算的完成仅需十分钟，这种去中介化的交易流程毫无疑问将大幅节省交易费用和管理成本。

3. 已经开始起跑的Overstock、纳斯达克和澳交所

如果说最早做区块链证券项目的公司，大概要属美国在线零售商Overstock了，这家公司曾经和创业公司Counterparty合作共同开发了一个名为美第奇（Medici）的项目，后来因为种种原因，美第奇项目没有开发成功，但双方推动区块链技术在证券市场应用的努力却没有停止。在此之后Counterparty与MathMoney f（x）公司合作开发了瞄准证券市场的symbi-

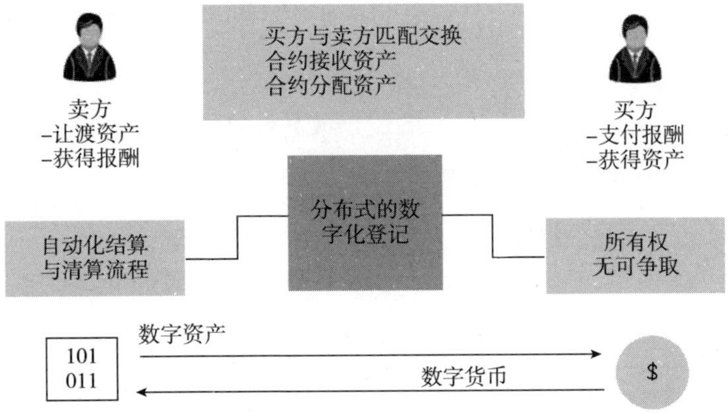

图 3 – 3　区块链应用于证券结算和清算系统

资料来源：巴比特

ont. io，而 Overstock 也继续开发自己的区块链项目并在 2015 年 4 月率先公布了名为 tØ 的部分项目信息，该平台的目标是基于区块链技术实现股权的交易和结算功能，发挥区块链“交易即是结算”的优势。2015 年 6 月，Overstock 进一步宣布将采用彩色币的形式发行一种“数字企业债券”或者也可称之为“数字加密证券”，债券的总价值约为 2500 万美元，并将其作为美第奇项目的一部分内容，这种加密证券将通过 TØ. com 平台发行。2015 年 8 月，Overstock 在纳斯达克的一次活动上正式推出了区块链交易平台项目 tØ，设计目标是基于区块链技术建立可实现证券交易的实时清算结算功能的全新系统，该系统同时包括了证券的发行功能，同时宣称 Overstock 已经基于该系统进行了私募债券发行的尝试。按照美国证券监管机构的相关规定，发行私募债券并不需要监管机构的批准，但这一监管豁免仅限于私募领域，公募证券的发行需要得到美国证券交易委员会（SEC）的批准。随后，Overstock 向 SEC 提交了S – 3申请，并最终获得了 SEC 的批准。S – 3 是一种证券发行的登记表，可以让企业在获得监管当局认可的前提下以一种更为简化的方式发行证券。Overstock 的申请获得 SEC 的批准，意味着这家公司可以用同样的方式来发行公开交易证券，这也是美国监管部门首次公开批准基于区块链技术开展此类业务，也许这将是今后证券发行和交易方式改变的开始。基于 tØ 平台的发布和来自 SEC 的批准，Overstock 计划完成价值高达 5 亿美元的股票或其他证券的发行，发行产品包括普通股、优先股、存托凭证、权证、债券等。

仅仅在 Overstock 推出 tØ 平台两个月之后，2015 年 10 月底，纳斯达克宣布要推出基于区块链技术而建立的新平台 Linq，该平台以在私募证券市场建立一种全新的股票发行、转让和出售方式为目标，将可能彻底改变资本市场基础设施系统的核心，尤其是对于交易结算和行政审批等过时的管理功能的颠覆。现实中初创公司往往希望在一定时间之内保持非公众公司的身份，而暂不进行公开发行，因为投资者希望在早期阶段减少来自外界的对于管理层的压力而获得一定的独立性。基于这种考虑，初创公司想要获得一定的流动性就需要通过私募发行获得一定的融资。在传统私募市场中，初创公司在处理股份交易时，需要大量手工作业和基于纸张的工作，例如需要通过人工处理纸质股票凭证和期权发放等工作，需要律师手动验证电子表格等，而这些工作不仅需要大量人力物力成本，还可能因很多人为因素造成错误。此外，私募规模往往较公募更小，不论从融资成本的角度还是保守商业机密的角度来说，初创企业都不愿通过大量外包进行融资。许多企业在寻求股份管理特别是私募股份管理的有效解决方案，而纳斯达克的 Linq 平台在这个领域为市场提供了一个全新的选择。

Linq 由纳斯达克内部的技术开发人员与区块链创业公司 Chain 公司共同创建，开发当中也得到了全球设计和创新公司 Ideo 的技术支持，Linq 的服务将覆盖初创企业证券的发行、交易和登记管理各项功能。Linq 基于区块链技术开发，其在股权市场的应用可以移除私募股权市场对纸笔或者基于电子表格的记录保存的需求，为用户提供一种不可篡改、永久保存的记录，兼具透明度和可审计性，这是此项技术拥有的最大优势。这种架构也允许用户迅速完成转换所有权，进一步降低了对手方违约或遭到第三方操纵的风险，证券业长久以来梦寐以求的“即时交割”目标有望实现。Linq

被市场看好的另外一个原因在于，纳斯达克拥有较其他公司更为丰富的为股权服务的配套系统。目前纳斯达克私人股票市场已经实现了基于云的股票管理解决方案，可以使私人公司更高效地管理资产和股票计划，而完全电子化、分布式的记账方案 Linq 使其变得更加高效和安全。2015 年 12 月，Chain 公司成功使用 Linq 平台为新的投资者发行了公司的股权，成为第一家使用 Linq 来完成并记录私募证券交易的公司，而纳斯达克也减少了结算时间。此外，上线 Linq 平台的几家初创公司还包括 ChangeTip、PeerNova、SYNACK、Tango 和 Vera。

2016 年初纳斯达克还宣布正在研发一种基于区块链技术的股东电子投票系统。据纳斯达克相关代表透露，将会选择爱沙尼亚纳斯达克 OMX 塔林证券交易所作为试点进行试验。而纳斯达克也仅仅是瞄准私募股权市场的参与者之一，2015 年 8 月，Symbiont 对外宣布它已通过分布式总账技术发行了自己的股票。

据澳洲媒体 SMH 报道，澳洲证券交易所（ASX）正在认真考虑使用区块链技术作为其清算和结算系统的升级方案。ASX 已经认购了区块链技术开发商 DAH 公司的 1500 万美元股份，主要目的就是为了优先使用区块链技术升级 ASX 的股票系统，DAH 将与纳斯达克一起为澳大利亚证券市场设计结算系统。ASX 首席执行官 Elmer Funke Kupper（埃蒙·弗克·库珀）表示，该证券交易所正在替换其交易系统，因为区块链能够降低清算和结算交易的成本和复杂性，并能节省交易时间。而此前的这些工作，都是由清算所电子附属登记系统（CHESS）来完成的。

ASX 正在寻求新技术以提高终端之间的效率，大量削减来自投资银行和交易后端的管理成本，而这正是区块链的潜力所在。升级 ASX 的证券结算系统将会从 2016 年底开始，大约需要近 5 年的时间来完成。ASX 应用分布式账簿系统的计划分为两个阶段，第一阶段的主要目标是实现该技术的应用，并测试分布式账簿技术能否应对澳大利亚股票市场这样大规模的应用场景，这在监管层面来看已经涉及重大国家风险管理的基础设施。此外，澳大利亚政府也将对区块链是否适合在证券清算行为上应用进行评估，如果可行，ASX 将会积极推进研究。

4. 改进的空间

区块链技术的应用有望在证券交易上实现实时结算和清算，那么这对于证券交易是否就是完美的解决方案呢？能够提高资产的流动性显然是极佳的，现在许多金融机构都在投资区块链技术，力求降低清算及结算成本，加速清算程序。比如在证券交易上能够最终达到“T+0”也就是当天结算实时清算，而不是现在的两天和三天之后。但是 Tabb Group 研究所的创始人 Larry Tabb 认为当前基于共识算法的区块链技术应用与当今市场操作有很多不可兼容性，主要表现为如下四个方面。

（1）对融资融券模式造成很大影响

大部分的投资机构允许他们的托管人或经纪人向投资者借贷他们的“闲散”证券去填平空仓。当拥有可贷证券的投资者决定卖出这些证券时，必须解约借贷程序，这意味着在销售完成结算前，证券必须退回至投资方的账户之中。鉴于目前欧洲清算时间是“T+2”，美国是“T+3”，托管人和经纪人具有足够的时间将证券退回给投资方。而如果变为基于区块链的“T+0”系统，就意味着必须在销售发生前或销售发生时实时向投资者退还借出的证券。如果不能实现上述操作，那么投资者不得不持有降价股票，直到借出的证券返回他们的账户，然后他们才可以执行瞬时结算交易。除此之外，在这个过程中，可能会产生信息泄露问题，大家可以知晓哪些借出证券的投资者正在寻找出售证券。

（2）泄露客户交易信息

在美国，金融工具不是登记在它们的持有者名下，而是在交易记录系统之下，例如信托托管和结算公司。存管方不知道他存管的证券是属于谁的，但只知道哪位托管方或股票经纪人持有哪些证券，而后者知道哪位客户持有这些金融工具。如果转向基于区块链的系统，由于其中清算是瞬时完成且不能改变交易的，因此在交易发生时或之前，系统必须知道客户的姓名，这也可能会导致信息泄露，对于大型投资者来说，这是个严重的问题。因为很多投资者都不想让其他投资者知道他是什么仓位。这样会将现在的匿名市场变为公开市场，从很大程度上改变市场参与方的行为方式。

（3）造成交易冲突

同一家机构的不同投资组合经理通常会整合同一种证券的订单，然后放入市场的单一交易块中，以降低价格波动和交易费用。如果使用区块链，这些交易块的操作将变得比较困难，因为区块链是一个资产所有权记录，从技术上来说，投资者购买的证券不是投资机构的资产组合，而是投资经理所管理的单一资产。因此，每位资产组合经理必须单独执行，而不是在大型交易块中操作。这就意味着，同一家公司的资产组合经理们会在同一时间下单，事实上他们是在争夺流动资产，一家大型金融机构可能会在市场中进行内部争斗。

（4）无法实施净额结算

净额结算可以在投资机构内部实现部分清算工作，最终会降低清算成本。在T+0环境中，每笔交易都需要瞬时结算，这样就会增加交易量，仅是美国权益市场，每天的交易量将会达到290万笔，使用目前的公共比特币区块链，需要超过一个月的时间来处理目前一天的交易量，这样基于区块链的交易系统将面临延时较大、吞吐量较小的问题。

尽管从大方向来看，基于区块链技术的系统可以改善证券交易系统，但类似会计和风险计算，这些通常需要拥有强大计算能力的后台核心系统完成的功能很可能在区块链技术方面会受到一些“限制”。而且将区块链技术应用到清算系统中，也需要引入一种新型费用。在比特币中，矿工们运行比特币交易，解决最优化问题，然后获得新创造的比特币奖励，同时希望完成交易的比特币用户也为他们支付清算费用。矿工根据费用高低和区块上交易记录问题的困难程度，为交易优先排序。区块链不需要中央清算所，但仍可将后台运行维护的费用转嫁至投资者身上，最坏的一种情况是投资者之间将结合付费展开交易顺序竞争，每个人都有支付较高的费用力争他们的交易比其他投资者更快完成清算的意愿。

股权众筹——基于区块链技术的畅想

虚拟现实技术最近甚嚣尘上，有人预言它将颠覆传统电子游戏和游戏体验。2012 年，还是一家创业公司的 Oculus VR 开发了一款为电子游戏设计的头戴显示器 Oculus Rift，这是一款虚拟现实设备。Oculus VR 公司在 2012 年 8 月将 Oculus Rift 在 Kickstarter 众筹网站上发布，计划融资 250 万美元，但出乎其意料的是首轮融资就超募达 1600 万美元。2014 年 3 月 Oculus VR 创始人以 20 亿美元的价格将其卖给了 Facebook，但参与众筹的人却只得到了一件 T 恤作为投资回报。上述例子很好地反映了众筹这一新兴商业模式的两面性：一方面，众筹平台可以通过“预收 + 团购”的形式提前使创业者获取市场对创新产品的反馈，如果市场反应良好，就像 Oculus Rift 公司之前的经历一样，你可能要做好“成功正在向你走来”这样的准备，你的企业将会获得巨大的估值，这是众筹的威力；另一方面，作为众筹项目的投资者，尽管你的商业判断得到了市场的承认，但你获得的可能只是一件装备或者来自创业者的一个签名，你只是这次成功的旁观者，从这个角度讲，众筹的意义对你来说并不是非常显著。但现在区块链技术的创业者希望通过区块链技术去中心化、高透明度又不可篡改的交易记录特性为众筹商业模式带来一些实质性的变革。那么，众筹将如何发展，区块链技术又将如何和众筹相结合赋予其更大的创新能力呢？

1. 不可忽视的众筹

一直以来，资金就是创意想法以及创业事业面前的一道鸿沟，也正是这个鸿沟催生了世界上第一家众筹平台。互联网众筹模式的鼻祖 Kickstarter 的诞生即源于一位华裔创始人 Perry Chen（陈佩里）。陈佩里的正式职业是期货交易员，但其非常热爱艺术，他开办了一家画廊，还时常参与主办一些音乐会。2002 年，陈佩里曾因为资金问题而被迫取消了一场已经在筹划进展中的音乐会，这让他非常失落。由于资金问题而导致音乐会的无法开展让陈佩里认真思考如何解决募集资金的问题。2009 年 4 月 Kickstarter 终于上线了，在不到 10 年的时间里，Kickstarter 已经成为目前世界上最大的两个互联网众筹平台之一。

Kickstarter 的运作方式是一种典型的平台商业模式，该平台的用户一方是渴望进行创作和创造的人，另一方则是拥有部分资金并愿意对新的创意提供资助的人，双方共同的愿望都是希望新的创意变成现实，并能实现持续推广。Kickstarter 网站的创意性活动包括 13 类，基本都是和人的日常生活直接相关的领域，例如电影、音乐、美术、摄影、戏剧、设计、技术、食品等。在 Kickstarter 上，任何人都可以向某个项目捐赠特定数目的资金，网站收取很低的佣金。Kickstarter 主要进行的是商品众筹，也就是利用互联网和社交网站的传播特性，让小企业、艺术家或个人向公众展示他们的创意，争取大家的关注和支持，通过“团购 + 预购”的形式，向网友募集项目资金的模式。相对于传统融资方式，商品众筹更加开放，筹资人能否获得所需资金主要是看投资人对项目创意的认可程度。从市场营销专业的角度来说，在商品或者项目诞生之前就已经接受了一次市场的投票，那么商品的市场前景无疑将会获得更为准确的验证。因此，可以说只要是网友喜欢的项目，只要是有了投资人的认可，都可以通过众筹方式获得项目启动的第一桶金，为更多小本经营或创作人提供了获得成功的第一步台阶。

在 Kickstarter 上，大部分的众筹项目中的投资者都可以获取相应回报，可能是一封感谢信或是制作完成的产品，这都基于参与者赞助的资金金额。在现有的众筹商业模式中，商品众筹和股权众筹是相互分离的，商品众筹的参与者往往只能获得实物回报而不能持有这些项目的股权，而股权投资者可以获得一定比例股份回报。2015 年一部动画片《大圣归来》火爆银屏，片尾滚动着的 89 位投资者的名字成为影迷们津津乐道的另一个热门话题。《大圣归来》出品人路伟早年从事金融行业，转而选择影视行业开始创业之后，《大圣归来》是其第一个项目，对金融产品非常熟悉的路伟通过众筹合计募资780万元，当票房超过5亿元之后，项目整体投资回报率已经高达400%，路伟与全体投资人总共获得收入3000多万元，平均每位投资者可以净赚近25万元。《大圣归来》创造了中国电影众筹史上的第一次成功。2015年5月29日，wifi万能钥匙在“筹道”股权众筹平台上线，项目上线不到一个小时，浏览量即突破10万，截至2015年6月10日众筹成功时，浏览量已超过300万，共有5712人认购，认购金额达到70亿。吸引到如此多的投资人和民间资本，wifi万能钥匙确实做到前无古人，原本只属于专业投资机构通过股权投资获得收益的机会，因为股权众筹的出现使得普通人也能参与其中，股权众筹在为广大投资人提供投资机会的同时也体现出了超乎寻常的成就梦想的实力。

客观来说，股权众筹与投资者在新股IPO时申购股票在本质无太大区别，但在互联网金融领域，股权众筹主要针对的是对初创企业给予的投资支持，在资本市场中可以看作是对天使投资和风险投资的有力补充。股权众筹具有低门槛、解决初创企业融资难、依靠大众力量推动社会创新创业发展等特征。我国股权众筹行业在2015年得到迅速发展，中国平安、京东、阿里等实力雄厚的互联网公司纷纷宣布成立股权众筹平台。2015年3月31日，京东推出股权众筹平台，同一天，平安集团的股权众筹平台也完成了工商登记；5月19日，蚂蚁金服宣布将筹备上线股权众筹平台，命名为“蚂蚁达客”。此外，天使汇、众筹客等平台早已建立了明确的商业模式，更有众多成功案例。据中关村互联网金融研究院监测数据显示，2015年我国股权众筹行业成交规模快速增长，截至2015年11月，该机构监测的78家平台累计成交量达141.2亿元，充分表明股权众筹这一商业模式获得了投资人和创业者的认可和接受。据业内人士预计，伴随着国内相关监管法规的出台，股权众筹行业将迎来更为规范的发展，该市场未来发展空间巨大，将达到千亿元人民币。世界银行预测，到2025年全球发展中国家的众筹投资将达到960亿美元，中国有望达到460亿~500亿美元，而这其中，约70%~80%的融资额将是股权众筹融资。

2. 基于区块链技术的众筹平台畅想

Kickstarter、Indiegogo 和其他所有的传统众筹平台作为第三方平台，促成一项众筹活动的流程大概是：为项目展示提供平台，对项目发起方的基本资料进行尽职调查，如果投资人对展示项目感兴趣，项目支持先将资金转到众筹平台账户，当项目筹集的资金达到目标数量时，平台将资金转到项目发起人账户，或者项目筹集的资金没有达到目标数量，发起项目失败，平台将资金返还给投资者，投资者获得的回报是预订项目产品的权利或者是公司股权。

区块链是一种创新的分布式交易验证和数据共享技术。它的核心价值在于通过构建点对点的自组织网络、时间有序且不可篡改的密码学账本建立分布式共识机制，从而实现去中心化信任。具体来说，基于区块链的众筹平台可以通过创建自己的数字货币来筹集资金，通过分发自己的“数字股权”给早期支持者，使投资者获得支持初创公司所获股份的凭证。区块链股权众筹平台通常由三层结构组成：最底层为区块链网络，由它构建起一个去中心化信任的分布式总账；中间层为业务逻辑与区块链结合，共同建立账户中心、股权登记、股权凭证、股权交易、股权管理等功能；最上层为各个众筹平台面向客户提供的业务。

从以上区块链技术改善的三方面来看，由区块链技术支持的众筹平台不再需要可信任的第三方中介平台。基于区块链技术的众筹平台允许初创企业通过向早期支持者发行数字货币和售卖“密码学股份”（cryptographic shares）筹集资金。这意味着参加众筹项目的投资者得到代表初创企业股份的代币（token），可以从代币升值中获得收益，而不只是简单的预定项目产品权利或商品而已。此外，区块链技术能够在股权登记管理、股权转让流通、智能合约等方面为股权众筹带来改变。

（1）股权登记管理

股权登记是证券交易安全的基本保障。市场经济的基石是财产的确定性，这种确定性是交易的基础。对股权众筹而言也是一样，登记管理极为

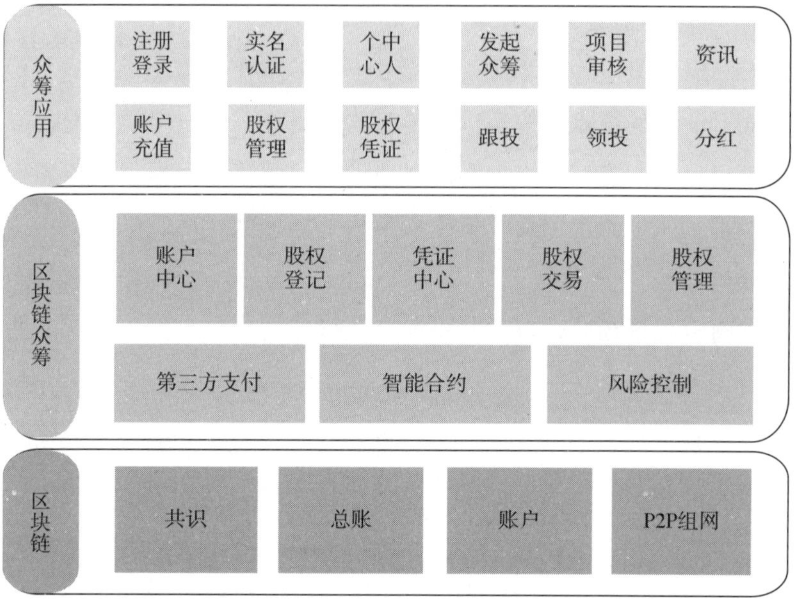

图 3－4　区块链股权众筹系统架构

资料来源：《区块链：新经济蓝图及导读》

关键。一方面，登记发挥着向社会展示当事人股权的公示作用，让潜在的交易主体了解特定的权属状态；另一方面，登记也是股权交易的关键环节，记录股权所有者的转移。区块链是用于存储永久性记录的理想解决方案，利用区块链账本安全透明、不可篡改、易于跟踪等特点，记录公司股权及其变更历史具有明显优势。区块链独特的身份账户体系能够将记录的股权作为股权登记的电子凭证。区块链技术能够将现如今大量需要人工处理的纸质版股权凭证和期权的历史交易和维护等进行数字化管理，使其更加高效和安全，通过最大程度降低确权成本对于数量巨大且市值不大的初创企业在股权登记、转让方面具有较大的技术支撑作用。区块链的开源可共享使各个机构和个人均可参与到整个系统的运作，每个参与维护节点都能复制获得一份完整数据库的拷贝，从而对信息的所有者确权。

（2）股权流通转让

对于股权众筹而言，股权流通也是业务中极为重要的一环，能够激发用户的活跃度，促使更多的登记发行。传统的 OTC 场外股权交易以交易双方的信用为基础，由交易双方自行承担信用风险，需要建立双边授信后才可进行交易，而交易平台集中承担了市场交易者的信用风险。利用区块链技术，股权的所有权登记在区块链中，股权交易必须要所有者的私钥签名才能验证通过，交易确认后，股权的变更也会记录在区块链中，从而保障交易双方的利益。

（3）众筹智能合约

在股权众筹发起初期，由发起人、众筹平台、领投人、保荐人等多方共同签署一份众筹合约，来约定各自的责任与义务。这份合约可以利用区块链技术以智能合约的形式存入区块链中，由区块链确保合约在履行中不得被篡改。

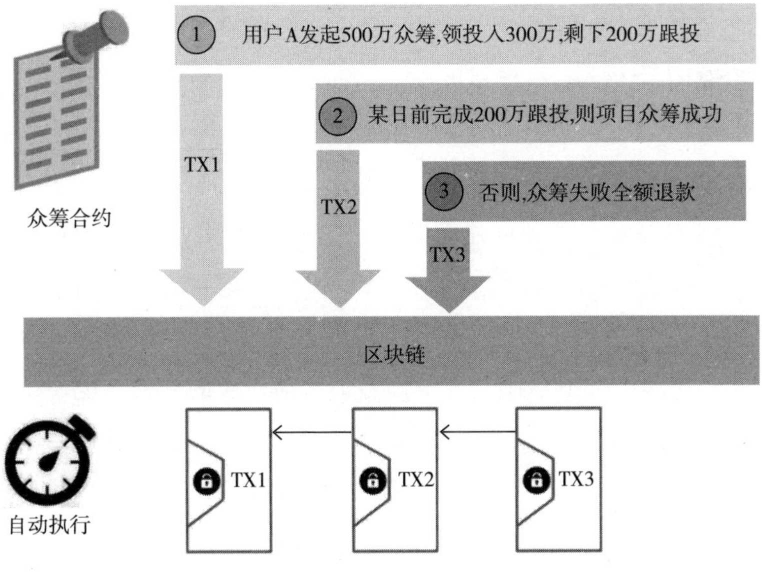

图 3－5　区块链众筹智能合约示例

资料来源：《区块链：新经济蓝图及导读》

如图3－5所示，根据合约的条件，区块链底层首先产生第一个事务TX1：创建一个联名账户，从领投人账户打款300万到联名账户，并生成200万的借条供投资人购买，该账户由合约中各方共同拥有和维护；同时创建TX2（在规定时间内，如果200万借条销售完，则从联名账户中打款500万到发起人账户中）和TX3（如众筹失败，跟踪联名账户的交易记录，全额退款）。TX1、TX2、TX3在同一时间写入区块链，由区块链底层自动执行。

4. 实践先锋，从Swarm到小蚁

目前，基于区块链构架的众筹平台已经走出畅想阶段，Swarm、Koinify和Lighthouse是三个去中心化的众筹平台，尽管它们的成立没能借助区块链众筹的力量，但是它们已经利用这项技术帮助别的企业成功获得融资。Swarm平台可以说是区块链股权众筹方面的实践先锋。

Swarm被喻为众筹界的Facebook，是世界上首家分布式孵化器众筹，使用比特币技术为底层协议，在这个去中心化的众筹平台上允许初创企业通过发行自有的Coins资产筹集资金。Swarm公司首席运营官Ben Ingram（本·英格姆）将这一平台形容为“众筹界的Facebook”。Swarm团队基于Counterparty平台开发众筹系统，后者是一家基于比特币基础的去中心化技术平台，具有提供交易和创建智能资产等功能。有了Counterparty协议的支持，Swarm平台可以像一个为加密货币投资者建立的社交网络一般高效运转。2015年6月17日，Swarm团队基于Counterparty平台发行“SWARM Coin”标志着这家去中心化众筹平台募集启动资金的开始，也使得投资者们拥有了分享公司未来发展红利的机会。Swarm要求投资与后续回报都得是比特币，公司首席执行官Dietz（戴茨）计划在第一轮融资中也要求只使用数字货币，他认为这应该可以算作是一种内部测试。

Swarm团队的计划是建立一个基于加密数字货币协议的发行平台，用户可以通过财产信息面板等，随时了解自己的资产状况。作为一家逆势成长的创业公司，Swarm肩负的时代任务还有向大众普及“众筹”和“加密货币”两个概念。Swarm 团队坚信他们所创建的平台将有助于改变创业者筹资的方式。该公司今后的计划还包括分布式的项目信息调查，即让人们可以参与评估项目，分享相关信息等。

加密货币能为传统众筹方式带来的改变主要有以下三点。第一，以使用比特币技术为基础，不受地区局限。第二，利润不只给参与某具体项目的少数合作者，所有众筹平台的股权投资人都能获得合理收益。假设在 Swarm 平台上，如果 Facebook 想要收购通过 Swarm 平台发行的产品，它必须购买市场上大部分人的股份。这意味着在 Swarm 参加众筹项目的投资者得到代表初创企业股份的代币（token），可以从代币升值中获得收益。而利用代币这样的加密货币可以确保投资者在众筹项目中获得与投资企业不断变化的企业价值相符的投资回报。第三，投资人能够通过意见和建议来帮助产品更好地形成和生产，以社区的方式加强沟通。可见，Swarm 是建立了一个简单易用的数字加密股份平台应用，投资者可以快速浏览大量市场的“加密股份出价”，有喜欢的就能简单快速买下，而无须经过股票经纪人，达到买卖方便，无安全风险的状态。比如，Swarm 目前已通过自身平台募集资金约 75 万美元，它允许创业者打造数字化的加密货币并分配给投资者。因为代币是虚拟的，创业者可以按照自己的想法为代币赋予价值，比如股息分红、企业发展壮大后的选举决策权、公司相关产品或服务以及任何创造性的投资回报。这些回报都会随着项目的发展程度而增加或减少。相比传统众筹平台，Swarm 的创业者可以灵活决定他们对股权的规定。

其他去中心化众筹平台还有 Koinify，该平台于 2014 年 9 月成立，并从 IDG Partners、Brock Pierce 的 AngelList 和 zPark 获得 100 万美元风投投资，用于进一步开发去中间化众筹途径运用。该途径将能够完成智能公司（一般也被称为去中间化自治公司，简写 DACs）和去中间化运用（DApps）的创立。当 Koinify 理想的去中间化众筹途径成功确立后，出资者将能运用比特币在 Koinify 上采购有关各种项目的代币。Koinify 主要为与区块链技术和密码学货币相关的项目，如去中心化应用、智能公司等使密码学货币更加容易使用的基础设施筹集资金，想要为去中间化实业获取资金树立一个生态体系，完全创立一个全新的经济基础布局。然而2015年5月Koinify宣布它将不再为去中心化应用提供代币销售平台，将进行转型，但该创业公司并未透露转型计划。其首席执行官TOM DING表示公司对区块链的信念、使用区块链作为底层技术的创新以及尝试重建业务和组织结构等这些公司基本的理念都没有改变。Koinify已经在其博客上通知用户在2015年6月30日之前把他们在GetGems众筹期间购买的代币取出，但仍表示会为已经在Koinify平台上销售软件代币的创业公司继续提供服务。

而在国内，“小蚁”可谓是首家利用区块链数字进行背书的系统。利用区块链技术来登记公司股权可以说是极大的创新，但要在底层逻辑和各种细节上达到我国法律合规并对接实体世界并不容易。在对我国当前法律环境进行深入研究和分析后，“小蚁”很有潜力成为切实可行的区块链应用。目前，“小蚁”系统正在尝试用区块链来登记公司股权（股份），成为公司的股东名册以及持股信息的合法记载场所。

“小蚁”区块链应该说是中国第一个区块链项目，也是国内第一个原创区块链底层协议。“小蚁”的想法形成于2013年底，团队成立于2014年初，“小蚁”是用来发行、管理、交易各种权益份额的区块链协议。初期会以非上市公司的股权作为切入点，为初创公司提供数字化股权激励方案，为股权众筹公司提供股权管理方案，未来会过渡到股权的可交易，即“区块链IPO”，逐步模糊非上市公司和上市公司的界线。

“小蚁”是基于区块链技术，将实体世界的资产和权益进行数字化，通过点对点网络进行登记发行、转让交易、清算交割等金融业务的去中心化网络协议。可以被用于股权众筹、P2P网贷、数字资产管理、智能合约等领域。众筹完成后，初创公司可以用“小蚁”来管理众多股东的股权，用“小蚁”提供的去中心化交易机制进行股权交易。初创公司获得了市场估值、股权流动性，用户获得了退出机制。通过将股权登记在“小蚁”区块链上，初创公司能够以“区块链 IPO”的方式获得资金。

现在大多数比特币支持的众筹平台不为消费者项目筹集资金，只为迎合懂得比特币技术的投资者。尽管这些平台上的项目并非主流，但是仍然值得关注。它们都是基于一个核心原则和范式改变：从中心化的模式转变为去中心化模式，移除中介者的费用和可信任第三方，其中一些项目共享知识产权和自动代理，而不是由大公司独自拥有，专利池由持有某一密码学货币、分布式自治组织或者分布式包裹递送网络的任何人拥有。有了自动代理，可以想象一个自主的硬件或者软件，它能够通过出售产品和服务，获得比特币或其他密码学货币，并支付自己的成本，存活下去。这种商业模式的好处是服务成本更低，因为它没有许多运营成本，确保了投资者的合理收益，且买卖方便。

另外在股权众筹融资方面，区块链技术能够为各方带来更加公开透明和真实可信的信息，且信息对投融资各方更加对称，记录难以篡改、伪造、消除。它为去中心化比特币生态系统——无论是基于货币的比特币或者是基于比特币协议的不同应用如核心开发筹集资金等，都提供了一种新方式。

票据业务——依托区块链平台的改造

2016 年 1 月，中国农业银行北京分行爆发票据窝案，38 亿元无法兑付。事件的主要经过是中国农业银行北京分行 2 名员工利用非法套取的票据进行回购资金，且未建立台账，回购款中相当部分资金违规流入股市，由于股价下跌，出现巨额资金缺口无法兑付。该事件简单来说就是：A 银行以买入返售的方式与 B 银行做了一笔票据转贴现业务，按照规定，纸票本应在回购到期前，存放在 A 银行库里，不得擅自转出。但事实上，纸票在回购到期前，已被票据中介取出，卖给了 C 银行。买入返售到期后，钱并没有回到账上，而库中的票据则被换成报纸放在库里。在这个案件之后我们尝试设想另外一种情况，如果票据贴现的资金只能回到农业银行北京分行的账上，这一损失是否可以避免？基于区块链技术建立的票据交易平台可能会实现上述设想。区块链是一种具有高容错特性的分布式数据库，大量计算机节点维护同一个区块链，通过复杂的校验机制，区块链数据能够保持连续性和一致性，即使部分计算机作假也无法改变区块链的完整性。因此，应用了区块链技术的点对点票据交易能彻底解决许多违法违规的问题。一张票据在申请—发行—交易—承兑整个流程的关键信息，都会记录在区块链上，无法篡改数据，监管部门的查询也是一目了然，更重要的是，其加密数字货币的转移路径明确，为票据交易的可追溯性创造了条件，随着票据业务的不断发展，基于区块链技术开发票据业务平台正在从设想走向现实。

1. 互联网金融背景下的票据业务

2000 年以来，票据发行及交易市场呈现较快增长，增幅远超同期其他基础经济指标。在信贷规模严格管控的外部监管和银行内部管理模式下，票据已成为信贷规模紧张和约束条件下的调节工具。如图 3－6 所示，2010 年以来，年末票据贴现余额和承兑余额量逐步增加，贴现余额与承兑余额的比值在近两年大幅提升，2015 年已攀升至 44.66%。

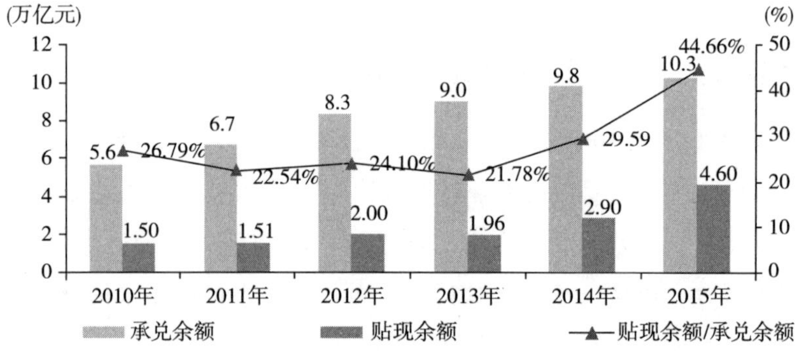

图 3－6　2010～2015 年贴现与承兑余额

从承兑业务和贴现业务的发展来看，由于受到经济下行压力和实体经济有效资金需求不足的影响，票据承兑业务告别前期的快速增长态势，转而进入相对稳定和平缓的发展阶段；而伴随着票据业务资金化运作趋势的不断增强以及票据资产吸引力的不断提升，各金融机构不断加快票据贴现后的转贴现周转运作，从而使得2015年票据累计贴现量呈现出爆发式增长。2015年，面对传统票据业务模式经营利差不断收窄的现实情况，各类经营机构除采取以量补价等方式外积极探索票据业务创新，同时，市场各类型机构纷纷涉足票据市场和票据业务链条，票据业务创新呈现新的特点。

一是大型银行不断重视买入返售票据业务发展，通过拓展资金业务来提升收益水平，2015年上半年国有银行买入返售票据余额同比增加57.22%；二是电子票据业务得到迅猛发展，2015年前三季度，电子商业汇票系统累计承兑3.99万亿元，累计贴现15.78万亿元，电子票据在票据整体承兑和贴现业务中的比重均超过20%；三是票据理财、票据资产管理等跨市场业务成为机构新兴的盈利增长点，2015年上半年，16家上市银行买入返售票据余额合计2.96万亿元，同比小幅减小，部分商业银行票据资管等业务对原有的买入返售业务产生较为明显的替代效应；四是各类互联网平台层出不穷，民间机构涉足票据业务呈现爆发态势，2015年各类电商平台、中介机构等纷纷成立互联网票据理财平台或信息资讯平台，并通过互联网技术应用拓展移动端票据信息撮合等业务，在整体资金利率下行的趋势下，各类互联网票据平台数量显著增加。

市面上大多数票据理财产品都具有灵活性强、门槛低、期限短、收益较高的特点，因此受到投资者的青睐。截至2016年2月，目前有80家网络借贷平台涉及票据业务，仍以银行承兑汇票为主，累计规模已达到180亿~200亿元。其中京东票据作为京东理财板块下的重点业务，累计交易额接近84亿元，领跑票据市场。目前京东小银票票据产品年化利率为4.30%。

目前市场上的业务模式主要分为票据贴现模式、票据质押模式、委托贸易付款模式及内保外贷模式，其中，票据贴现模式为市场上多数平台的选择。严格意义上来讲，票据贴现是票据质押的一种方式，但其实质相当于票据的直接贴现，平台从中赚取贴现利差，主要以民生易贷 - E 票通、小企业 e 家、票据宝、金银猫等为代表。以金银猫为例，业务流程中，借款人将银行承兑汇票质押给平台，为规避法律风险，票据一般由第三方支付公司或银行托管，随后平台发布借款标的，投资人进行投标。此模式下，借款期限一般与票据到期时间一致，借款人不再赎回票据，借款标的到期后，由平台或第三方托管机构直接到开票行承兑汇票，用承兑金额完成对投资人还款。此外，票据质押模式本质与一般网络借贷质押融资业务相同，但其借款利率较高，还有极少部分平台采用委托贸易付款模式或内保外贷模式，但风险较大。

2. 基于区块链技术的票据业务平台

总部位于旧金山的初创公司 BTCJam 是全球第一个通过比特币完成网络借贷的平台。在 BTCJam 平台上，借方只需要创建一个贷款列表，放款人可以直接选择借钱给谁，甚至还可以设立自动程序，只要符合要求的，程序就会自动完成贷款。当然，该平台只能使用比特币交易。当贷款完成后，借方需要周期性还款。BTCJam 也会根据用户的表现进行信用评分。该公司的首席执行官 Celso Pitta（瑟所·皮塔）表示，绕过法定货币的限制，允许全球的任何人通过其平台接收贷款。BTCJam 已经为来自超过 100 个不同国家的人们募集超过 500 万美元的贷款。

对于放款人，BTCJam 整个应用免费；而对于借款人，低于 5BTC 的贷款就要收取 4% 的费用，而其他额度的贷款则只需 1% 的费用。对于拖延还款 5 天以上的，也要收取拖延费，这个额度如未达还款金额的 5%，最低收取 15 美元的比特币。

此外，杭州复杂美区块链研究中心已经初步开发完成了一个基于以太坊的区块链网络借贷票据交易所开源项目。复杂美区块链研究中心自 2013 年开始研究区块链，两年多来整合了金融、餐饮、企业管理、快递追踪等多个细分领域运用区块链技术的理念。复杂美区块链研究中心研发的关于区块链网络借贷票据交易所开源项目如图 3 - 7 所示，应用了区块链技术的网络借贷交易所，可以完成无手续费的、每秒15万笔的线上交易。

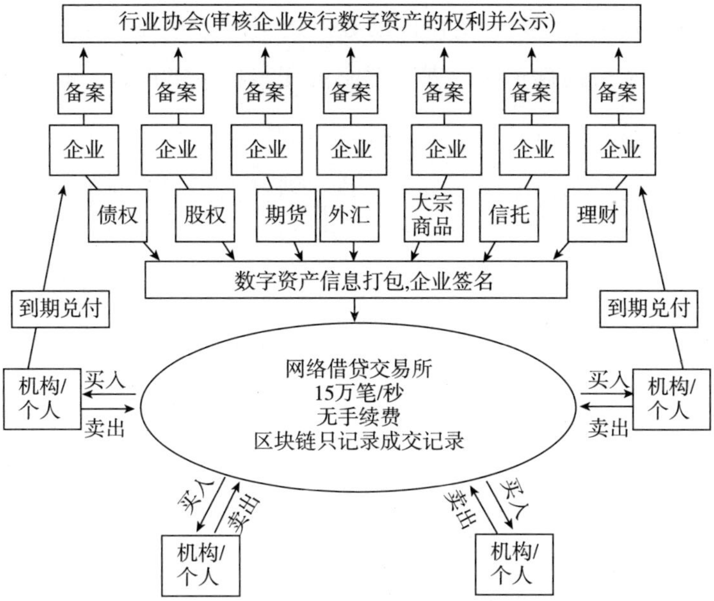

图3－7　复杂美区块链研究中心基于以太坊的区块链网络借贷票据交易开源项目

基于区块链的票据业务将在如下四个方面具有优势：

第一，从道德风险来看，纸票中“一票多卖”、电子票据中打款背书不同步的现象时有发生，但区块链由于具有不可篡改的时间戳和全网公开的特性，无论纸票还是电票，一旦交易，将不会存在赖账现象。

第二，从操作风险看，由于电子票据系统是中心化运行，一旦中心服务器出现问题，则对整个市场产生灾难性的后果，同时企业网银的接入将会把风险更多地转嫁到银行自身的网络安全问题上，整个风险的链条会越拉越长，而借助区块链中的分布式高容错性和非对称加密算法，人为操作产生的风险将几乎为零。

第三，从信用风险来看，借助区块链的数据可以实现对所有参与者信用的搜集和评估，并可进行实时控制。

第四，从市场风险来看，中介市场大量的资产错配不仅导致了自身损失，还捆绑了银行的利益，借助区块链的可编程性不仅可以有效控制参与者资产端和负债端的平衡，更可借助数据透明的特性催促整个市场交易价格对资金需求反应的真实性，进而形成更真实的价格指数，有利于控制市场风险。

金融基础设施革命

区块链对审计行业的颠覆

2011年，微博上一则“普华永道美女硕士过劳死”的帖子引起了网友的广大关注，原来是一名入职审计行业仅半年的员工由于过度劳累引发急性脑膜炎。以上事件虽然属于极端事件，但也反映了审计行业的辛苦以及审计人员从事的琐碎细节工作之多。审计员在进行年度审计和专项审计时，要进行很多必需的专业审计过程来确保所审企业的资金流动、交易往来真实以出具对企业财务报表的审计意见，而这其中的很多过程都是需要大量人力、物力去核实交易的真实性。基于区块链技术的应用能为这些真实性审核提供支持，如果企业间以及企业与银行间的资金往来、交易往来都能够真实无误、不可篡改且有时间戳地记录在全网上，审计员的基础工作将极大地减轻，同时更保证了审计的独立性。所以说，区块链技术与审计行业的结合势必会革命性地改变审计行业。

1. 区块链技术变革审计行业

信任是经济活动的基础，但维持客户的信任不仅昂贵并且耗时，在诸多情况下，效率也不高。在当今的全球经济中，信任是稀有的，这种信任的缺乏，要投入大量资源来进行审计和记录核查，从而降低了经济效率和投资回报率。大量金融服务行业或中介机构的发展都是为了维护金融业的信任，比如银行、托管机构、审计行业等。之所以需要专设机关按照法律对国家各级政府及金融机构、企业事业组织的财务收支、经济活动进行独立性监督审计，就是因为金融行业或者说经济活动中对信任要求很高，需要专业人员对被审单位进行经济活动监督。而区块链可以被理解为一个基于计算机程序的公开总账，它可以记录在区块链上发生的所有交易。区块链上每个节点都可将其记录的数据更新至网络，每个参与维护的节点都能通过复制获得一份完整数据库的拷贝，这就构成了一个去中心化的分布式数据库。在这样一个分布式数据库里，区块链是利用纯数学方法来建立各方的信任关系，完全不需要第三方，这样建立信任关系的成本也就几乎降到了零。所以目前还未完全发展成熟的区块链技术首先要切入的地方就是对信任要求高且传统信任机制成本高的领域，比如说审计行业。

完成审计业务需要两把尺度：一个是会计准则；另一个是独立审计准则。安然事件中审计失败的原因主要就是注册会计师违反独立性，从理论上说，注册会计师与经理人之间不能存在利益上的依赖或管理关系。而问题的症结就在于此，一家企业选择注册会计师的决策权由管理层掌握，注册会计师的选择、聘请费用的多少以及费用的支付方式都可能对被审企业与注册会计师之间的利益关联形成影响。那么，如何在独立性和有偿服务之间形成有效隔离，区块链技术能够在基础技术层面提供一种可行的解决方案。

利用区块链技术，所有参与人任何数据的更新都会被同步至整个区块链上，而区块链网络上的任何节点都可以查询整个区块链上的数据记录。这帮助审计师在审计工作中对被审单位货币资金交易活动的审核、与其他企业交易往来业务合同及费用真实性的审核创造了条件，也分散了审计结论对于数据真实性依赖的风险。区块链的可靠性保证了经济活动交易记录的准确性，区块链的透明性则大大解决了审计工作中需要大量人力物力去搜集审计证据的问题，也大大降低了审计行业相应的成本。在如今的审计工作中，审计师通常需要发送银行询证函及企业询证函去函证被审单位银行账户资金余额及交易合同或资金的真实性，在区块链技术的帮助下，所有数据都真实可靠透明又不可更改地记录在数据库中，不仅大大节省了函证的审计成本，节约了审计时间，更保证了审计的真实性，避免第三方审计服务机构无法保持与被审单位之间的独立性。全球数万用户、事务所和监管机构共识记账，可以追溯、不可更改，且记账都是盖了时间戳的，这样审计成本一下子就下降了。区块链上能够记载全部真实的数据记录也提高了网络数据的可审计性，审计师未来可以实现对网络中数据的全范围审计。

目前，提供专业审计服务的四大会计师事务所都已明确进军区块链行业。其中，德勤应该可以说是最积极投身区块链技术领域的。该公司透露正在尝试将区块链技术应用到客户端的自动审核以及以众包（公司以自由形式外包给非特定大众网络）的形式开展咨询服务。

2. 德勤和普华永道的共同选择：投身区块链实践

德勤在经过约一年的研发之后，推出了“一站式区块链软件平台”Rubix。Rubix 可以说是德勤数字化咨询服务的先锋，该平台应用了区块链最前沿的技术和适用模型，并允许客户基于区块链的基础设施创建各种应用。德勤在 Rubix 平台上设计一些服务于客户或提升自身企业业务的应用，其中就包括 Deloitte's Perma Rec 区块链应用技术。这是一个全球性的分布式账簿，通过与 SAP 和 Oracle 等各种财务报告系统对接，提高了购销过程的透明度。实时访问相关不可篡改又具有时间戳的数据能够帮助审计师在审计客户公司业务交易往来以及资金交易往来等业务的真实性，以及税务申报等业务是否合规，利用相关数据的实时访问，避免了由第三方审计人员进行审计可能存在的道德风险，使用户与监管部门同时受益。

公司内部会专注于通过开发相应产品解决审计处理中存在的问题。因为公司的每笔交易都在区块链上进行，所以利用区块链设计出的解决方案将会加快审计进度。同时由于区块链具有不可逆性和时间邮戳功能，对于需要审核的公司，审计师会核查该公司的区块链及全部交易。这将大大加快审计进程，使其更便宜、更透明。德勤亚太区投资管理行业合伙人秦谊女士表示：“区块链技术解决了审计行业在满足公众要求、满足监管部门要求方面的难点，能够保证所有财政数据的完整性、永久性和不可更改性，帮助审计师实现了实时审计，大大提高了审计效率。”

德勤 Rubix 平台的业务开发经理和联合创始人 Iliana Oris Valiente（依莲娜·奥潘斯·瓦琳特）表示，德勤公司现在有能力构建区块链技术帮助企业客户，她认为这是认识到未来可能性的开端。也许最值得注意的是，Rubix 除了为它的客户提供访问多个分布式共识平台的权限，此外还具有利用区块链技术大大提高工作效率、保证财政数据完整性等优势。德勤公司也希望能够掌握最前沿的区块链技术，成为金融行业运用的领导者，能够在客户发现区块链技术的重要性之时，已经可以为客户解决咨询服务。德勤首席资讯官艾瑞克·皮希尼在接受采访时表示，德勤一直就区块链技术潜在的商机进行研究。他表示：“在咨询方面，我认为我们将会见证生态系统从适应、改变到将区块链作为解决方案的过程。德勤的潜力在于通过点对点的众包平台提供大范围的咨询服务，而不是帮助客户制定发展策略。顾客可以在区块链上进行咨询，然后区块链将针对不同的问题匹配合适的公司来进行解决。”皮希尼还补充表示鉴于咨询逐渐成为德勤业务的重要组成部分，公司对于这方面的发展过程也是“非常认真”的。

除德勤以外，在 2015 年收获了财富 100 强中 43% 审计费用的普华永道也已经宣布进军区块链技术行业。2016 年 1 月 29 日，普华永道与比特币公司 Blockstream 达成战略合作关系，以帮助企业评估加密货币和区块链技术，并为比特币协议推出新应用。此后，普华永道又与 DAH 公司达成合作伙伴关系，以获得 DAH 公司关于区块链技术的支持，从而节约时间成本；不久，普华永道成立了区块链顾问团队，有报道称英国主要金融监管机构的一名前监管者已经被普华永道聘请加入区块链顾问团队。普华永道的转型与创新负责人迈克尔·伦德尔曾公开表示，普华永道预计客户群对区块链技术应用的需求必然会越来越多，公司会积极探索。由此我们不难发现，区块链技术给审计行业带来的变革优势不言而喻，时间成本、人力物力成本、工作效率都能得到较大节省和提高，除审计工作以外，区块链技术对于其他行业的影响也是四大会计师事务所所密切关注的，各家都在努力投身区块链技术的研究，希望能够为客户提供世界级的相关服务。

区块链技术带给审计、金融行业的发展变革值得我们拭目以待。

资产确权——区块链让难题变得如此简单

哥伦布被称为是第一个发现美洲新大陆的欧洲人，历史予以了记载；阿波罗是首次登陆月球的宇宙飞船，也被称为踏出了“人类历史上的一大步”，留在了历史的记忆中。但是在浩瀚的大宇宙中，微不足道的小事与我们息息相关，却又转瞬即逝，正是这些扯不清理还乱的小事，给我们的生活和工作带来了诸多的烦恼。还记得新闻报道上多次有关音乐版权、家族财产的纠纷案件吗？也许，不远的将来，这样的事情就可以得到解决。当你创作的歌曲家喻户晓时，有渠道可以向世界宣告，你是它的第一创作者，所有的网民为你站台；当你急需把手中的股份转让时，你也不必拿出遗嘱，所有的人都能为你背书。结束这些纠纷的就是区块链技术的应用。区块链技术就像是公正的法官，它会给你最公正的裁判，也像是一把量度的尺子，它会告诉你不可逾越的分界线。

1. 确权的难度

确权是依照法律、政策的规定，经过向有关部门申报、权属调查、审核批准、登记注册、发放证书等登记规定程序，确认某一物体的所有权、使用权的隶属关系和他项权利。在涉及资产的各个领域，无论是房产、汽车等实物资产，还是健康、名誉等无形资产，确权都是交易、追踪的基础，现实中都需要借助第三方权威机构按照法律相关规定予以明确。

从资产的登记、转让、确权以及质/抵押效率的角度分析，无形资产要比有形资产更为困难。主要体现在三个方面：一是评估登记管理不完善，需要较长的时间。在我国无形资产如专利权和著作权做质押登记时，至少要等一个半月，其中公示要 10 个工作日，等候 1 周，办理质押登记要再等 15 个工作日；二是无形资产评估困难，无形资产评估需要专业的评估机构，但是普遍缺少市场认可度；三是无形资产流转处置困难，由于无形资产具有较强的专业性，其价值认定也较为困难，变现渠道较为有限。

2. Factom（公证通）的实践

比特币系统是一个利用动态多重签名 DMMS 技术支持单一原生数字资产传输的区块链，在比特币生态系统中，比特币的创世和分配通过交易进行，每个人都可以通过每条交易进行验证，另外每笔有效交易的输入都可以被验证，实现价值的转移是系统的核心功能。基于区块链技术的应用方案的设计核心实际上是在可扩展性和去中心化之间的取舍，可扩展性代表了服务内容的延伸，而去中心化则代表了服务系统功能的安全性。许多不同的团队正在设法基于区块链技术实现超越比特币价值转移的功能。举个例子，交易可以管理域名注册、管理日志安全摄像机镜头、追踪艺术品的出处，甚至还能建立历史数据来显示马匹的价值。

Factom 在此方面的创新走在了行业的前沿，并已开发出第一个可供政府、金融等相关机构用于数据保存的区块链应用。通过在区块链上增加一个数据层协议，Factom 实现了一个安全且不可逆的数据保存机制，仅仅需要一个哈希就可以安全可靠地保存百万级别的实时数据。Factom 找到的方法使得每一条链都可以在不用和其他无关链的信息交互的前提下进行验证，这样就可以最小化信息内容。Factom 在区块产生的时间内，记录链上已有的条目，而每一条链都是独立的，通过扫描这些记录，应用程序能够在链上挑出它们需要的内容，Factom 的用户只需在他们感兴趣的链上保持验证。

Factom 团队的首席执行官彼得·柯比（Peter Kirby）指出，"比特币每 10 分钟产出一个块，每个比特币块能记录的数据是有限的，这也意味着比特币不能直接用于涉及大量数据的应用。通过 Factom，用户可以对文件进行哈希，并把这个哈希公开发布，这就像为文件制作了一枚电子指纹一样，通过这个电子指纹就可以对文件进行验证。每个数据会被拷贝上千份并分布在世界各地内，同时 Factom 系统会通过把哈希值上传到比特币的区块链中为所有数据发布一个分布式的哈希表，以此来证明数据的存在，当然任何人都可以通过维护一个节点来更新 Factom 系统里的数据。"

Factom 开发团队已经发布了一个 beta 版本的系统 Factom Genesis，并利用这个系统保存了人权宣言（The Universal Declaration of Human Rights）的443 个翻译文本。Factom 开发团队还发布了一个 Factom 公钥生成器（Keymaker），生成器包括 3 个版本，分别支持 Mac、Linux、Windows 三种操作系统。

早在 2015 年 7 月，Factom 公司就通过众筹服务平台 Bnk To The Future 出售了部分股权，并获得了 110 万美元的融资。此外，该公司还于 2015 年 7 月出售 factoids（Factom 网络代币）获得了 2278 比特币（约合 54 万美元）。2015 年 10 月，Kuala Innovations 公司（注册于英国根西岛），以每股 1 美元的价格购买了 Factom 公司 3.64% 的股份，共计 40 万美元。根据 Kuala 公司发表的声明，Factom 公司的估值目前为 1100 万美元。

Factom 实现这个估值有相当一部分原因来自于已经走出实验室，迈出实际应用的第一步。2015 年 5 月路透社报道称，Factom 和洪都拉斯政府建立了合作关系，该国将使用分布式账本技术来记录土地所有权。（洪都拉斯约 800 万人口，拥有着世界上最高的谋杀率。根据世界银行的数据显示，该国在 2013 年的人均国内生产总值约为 1577 美元，这使得它成了西半球最为贫穷的国家之一。在过去，洪都拉斯一直在与土地所有权欺诈做斗争。）根据这个消息，洪都拉斯将是继马恩岛之后，第二个利用区块链技术的政府。Factom 的彼得·柯比说，“这个国家的数据库基本上已经被黑了，因此官僚主义者们可以随意在海滨取得自己的房地产。”于是，通过区块链来构建一个不可变的产权记录，洪都拉斯可以越过发达国家建立一个新的体系，预计该试点项目将在 2015 年底完成。但是之后不久，Factom 的创始人 Paul Snow 表示，Factom 未能完成之前所述与洪都拉斯政府的交易，并发表公告称其先前宣布的概念证明项目已经“停滞”，其阻力来自“政治”等因素，但 Factom 的方案显然为土地确权提供了一个可能的技术和新的思路。

Factom 也将中国列为其应用实践的重要领域。按照彼得·柯比的说法，随着全球城市和地区的迅速扩展，预计将会有越来越多的国家和企业拥护技术创新来处理他们的大型数据库和扩张计划。在此，区块链解决方案可以提供更高水平的透明度和问责制，同时降低成本和费用。彼得·柯比在采访中说，Factom 模式的美在于它能够通过区块链后台整合所有系统，允许对数据进行永久不变的审计追踪。通过这种方式，就可以建立一种崭新的能够进行问责的方法和防篡改的数据存储库，然而到目前为止，这种类型的存储库还都很容易被任意数量的第三方利益团体所篡改。

2016 年 2 月 16 日，Factom 与杭州安存正信科技有限公司联合发布合作备忘录，双方就 Factom 公司的区块链技术与安存正信的电子数据证明服务进行融合达成合作意向。安存正信隶属于杭州安存网络科技有限公司，将在业务合作中负责服务和产品的开放型平台的搭建、技术开发和技术维护等。杭州安存网络科技有限公司作为中国电子数据证明与互联网建设的倡导者，与全国 100 多个地区的公证处建立对接，已研发八个产品体系，包括语音、邮件、凭证、合同、版权、电子政务、医疗数据、即时通信，广泛应用于各行各业。Factom 公司将为安存正信提供区块链系统的接口，作为其公证服务后台运行的一部分，并通过双方业务系统的对接，在中国 28 个省市 100 多个地区推广使用。

从世界其他国家的发展来看，运用区块链技术的信息系统将有助于智慧城市设施的安全建设，并将提高建设过程的透明度，在明确主体责任的同时节省成本。2016 年 2 月 1 日，软通动力信息技术（集团）有限公司与 Factom 联合发布合作备忘录，双方就软通动力的智慧城市解决方案与 Factom 的区块链技术进行融合达成合作意向。Factom 将提供商业和技术支持，协助软通动力利用区块链技术进一步拓展公司业务。作为软通动力智慧城市解决方案的一部分，Factom 公司的 Apollo 产品将提供数据存储、审计和验证服务，在中国数个地区推广使用。彼得·柯比说，“中国最近的合资企业对 Factom 公司来说是一个很大的机遇，Factom 能够展示另一种拓展区块链的方法——将数据层放到区块链上来。双方通过合作最终要解决的问题是避免一定利益相关者对智慧城市的传感器数据造成可能的混淆，基于这个解决方案我们可以设想任何人都不能为他们或他们的企业对城市造成的污染撒谎。”

智能合约——不可思议的区块链技术

传统合约是指双方或者多方通过协议来进行等值交换，双方或者多方必须信任彼此，能履行交易，而智能合约则无须彼此信任，因为智能合约不仅是由代码进行定义，也会由代码强制执行，完全自动且无法干预。密码学家和数字货币研究者尼克·萨博早在1994年就提出了“智能合约”的概念，几乎与互联网的概念同时出现。从本质上讲，这些自动合约的工作原理类似计算机程序的if-then语句，智能合约只是以这种方式与真实世界的资产进行交互。当一个预先编好的条件被触发时，智能合约执行相应的合同条款。而在20世纪90年代，萨博关于智能合约如何工作的理论并不能实现，主要是因为当时没有能够支持可编程交易的数字金融系统。因此，萨博当时的智能合约理念还只能停留在理论阶段，无法应用到现实中。而随着区块链技术的突破，智能合约获得了重生的机会，让以往人们幻想中“可编程的钱”能够有机会付诸实践。

1. 区块链技术为智能合约带来重生

简单地说，合约的核心层面就是一个要约、一个承诺以及一种价值交换的行为。而智能合约指的是一种资产的数字化协议，协议的内容包括了标的资产在哪里以及何时将如何执行，这些都是完全基于网络环境实现的，无须托管人干预。萨博将智能合约的定义总结为：“一个智能合约是一套以数字形式定义的承诺，包括合约参与方可以在上面执行这些承诺的协议。”数字形式意味着合约体现的权利与义务关系可以写入计算机可读的代码中，只要参与双方达成关于智能合约建立的权利和义务的协议，计算机或者计算机网络就可以执行完成。智能合约应用于金融交易具有明显的天然优势，因为金融交易的本质就是价值的转移，在金融交易中被交易资产的本质决定了交易双方选择协议的类型。萨博在1997年的智能合约论文中提到了合约的规范化。他认为多种类型的合同条款，如抵押品、债券、产权界定等，都可以嵌入执行条款的硬件和软件中，通过这样的方式使那些不遵守协议者逃避违约成本的概率降为零。因为，如果当交易双方中有一方没有按照双方协议的合约条款来执行，那么就不会触发合约自动执行，从而使得遵循协议一方的权益得到保护。萨博还提出了非常著名的“自动贩卖机”理论，简而言之就是自动贩卖机利用的是搬运合约，即任何持有硬币的人可以与供应商交易。锁箱和其他安全机制保护储存的硬币和货物不会被破坏，足以允许自动售货机有利可图地在各种各样的区域部署。而类似自动贩卖机，智能合约是通过数字的方法来控制有价值的、各种类型的资产，实现资产控制的不是弹簧之类的安全装置，而是嵌套于计算机可识别的机器语言的基本规则，这种基于数字的执行装置不仅使智能合约可以实现动态的、主动运作的资产交易，而且可以提供更好的观察和核查点。

当萨博在近20年以前提出智能合约理论时，实践一直严重落后于理论，一直没有如何将这个理念转变成现实的清晰路径。现在，技术已经赶上萨博富有远见的头脑，智能合约开始变得可行。其中，最主要的变化就是萨博在智能合约定义中建立的协议，已经被进一步开发，它们以区块链协议的形式出现了。

而像比特币这样的密码学货币正是帮助智能合约成为现实的途径之一。智能合约可以称作是密码学世界真正的“杀手级”应用，很多人都相信在加密货币领域是不需要人类干预就能够自动执行合约，这些合约经过互相协调，成为自动化的资产、过程以及系统的组合。因为比特币本身就是一个计算机程序，智能合约能够与它进行交互，就像它能与其他程序进行交互一样。区块链和其去中心化共识系统的窍门在于保证了每个人都有一个账本的副本，并使每个人的账本都对最终的协议执行发挥影响。如果每个人拥有的账本副本是相同的，那么人们就无须中心化的机构去记录交易。而智能合约是由事件驱动的、具有状态的、运行在一个复制且可分享的账本之上，并且能够保管账本上资产的程序。对于这样可复制、共享的账本，无须双方向对方证明自己是诚实的。

而当我们利用运行计算机代码开展智能合约时，当双方在商定合约后，互相同意一份代码版的合约，对合约使用的外部数据信息源、如何解决纠纷达成共识。双方在签署智能合约之前，需仔细检查代码，确信不存在恶意漏洞，进行测试并查看试运行结果后再进行签字并部署到账本上。如此运行下来，双方都无须花费时间精力重新核实合约条款，双方都确信合约代码能够同时满足各自目的。因为它是运行在可复制、可共享的账本上，双方都能够确信程序的输出结果对双方一致。

2. 智能合约：以法律的力量延伸金融服务

如今的一些技术已经可以被认为是智能合约实践的尝试，比如数字现金协议，能够帮助实现网上支付，同时又保留了纸币现金不可伪造性、私密性和可分性的特点。当我们再深入观察数字现金协议，把其放在智能合约设计的更大范围里，我们不难发现这些协议还能被实施到种类繁多的电子无记名有价证券中，而不只是数字现金。如果将它们应用到一个完全的顾客—供应商交易体系里，我们需要的不只是数字现金协议，更需要一个协议能够完全保证交易。如果交易方付款，商品就会被发送；或者商品寄出去，发货方就会收到钱。而智能合约具有大大减少商业交易欺诈事件并降低执法成本的潜力。另一个将会考虑使用智能合约的领域是合成型资产，这些新型的证券由资产证券与衍生品以各种各样的方式混合而成。通过对这些复杂的期限结构进行计算化分析，以往非常复杂的期限结构支付现在可以建成标准化的合约，以低成本进行交易。

与所有的金融前沿技术类似，我们还要考虑如何将智能合约与我们目前的法律系统相协调。智能合约中的“合约”二字似乎难免让人感觉其与法律概念中的合约有某种联系。不可否认的是，智能合约必须被归类为与法律相关的行为，因为我们生活在一个被法律管理和控制的世界，所有可能的经济交易也都被法律管理和控制着。智能合约可以看作是法律系统的进化，而不是消除。有了智能合约，或许很多个人合约的法律核定会在参与智能合约的各方签署之前就确定好，如果有一方未能达成双方协议中的条款，智能合约不会被触发，也就不会自动生效，避免有交易方篡改交易合约、进行违规操作而需其他交易方利用法律手段维权。律师的职责可以运用在竞争市场中生产智能合约的模板上，帮助合约交易方制定合约确保交易质量以及条款的易用性等。此外，智能合约也有潜力为没有优势的人打开接触司法系统的大门。当合约中的某一交易方违约时，另一方若要寻求法律维权是需要花费金钱和时间的，但能够自动执行协议的智能合约却能够帮助那些无法支付法律费用的人们使用司法系统。

此外理论上，智能合约还能在金融方面为低收入者带来福音，能够使得金融机构更乐意接受低收入者带来的风险。在没有智能合约的情况下，如银行等金融机构为了控制风险很少会贷款给低收入者。但有了智能合约，如果贷款者不能按时还款，收回资产对于银行等金融机构而言就变得更为轻松，也就帮助低收入者得到了更多获得信用贷款的机会。

3. 智能合约：更多的应用场景

智能合约的潜能不只是简单的转移资金，我们生活中很多日常用品都能够被连接到物联网上通过智能合约的形式被使用，比如汽车或是房屋门锁等。由于密码学货币的出现，智能合约这一技术正越来越走进我们的现实生活。它可以在我们生活中的很多小事中得到体现。以欧洲杯比赛为例，假如你赌西班牙队赢，下注500元或者一个比特币，你的朋友赌法国队赢，下同样的注。第一步，你和你的朋友将比特币发送到一个由智能合约控制的中立账户。当比赛结束时，智能合约通过ESPN、路透社或者其他媒体确认西班牙队战胜了法国队，智能合约将自动将你的赌金和从朋友那赢得的钱，发送到你的账户。

再比如已经渗透到我们生活中的打车软件。在实际生活中，Uber或者滴滴等应用程序可以让用户，也就是乘客和司机两端去共同创建智能合约。这些应用程序提供了价值交换的平台，即付费乘车。具体来说，这些应用程序让消费者创建一个包括乘车距离需求、价格以及享受到服务后自动进行付款承诺的要约，而司机可以接受这个要约并提供乘车服务。在这个过程中，双方分别提供了自己所能提供的价值，司机提供了时间和车辆，乘客提供了费用。合约进展顺利的情况下，乘客在特定地点上车并在目的地下车，司机获得乘客提交的费用。

但目前的打车软件合约更像是半自动合约，在这个过程中的某些方面还是需要人类的互动。目前又有一个新玩家 Arcade City 公司来到了拼车竞技场，这家野心勃勃的初创公司计划使用崭新的方式攻下拼车产业。与 Uber 中心化管理的方式不同，他们的撒手锏就是去中心化，公司最近正将以太坊整合到他们的运营体系中。Arcade City 公司创始人克里斯托弗·大卫独创性地使用比特币众筹获得了一个“免费的 Uber 公司”。公司的目标是让 Arcade City 成为第一个大型“主流”的以太坊公司，这就需要调整以太坊来适应公司的非技术用户群，也就是客户和司机，使他们将在世界各地参与点对点交易。Arcade City 正在以太坊建立拼车公司模型，首先要从身份和信誉系统开始，建立一个基于以太坊的信誉系统可行性概念验证，用于管理乘客信誉的许多规定将会被编码成智能合约。当然，在测试过程中如果出现各种问题，还会对相关的智能合约进行修改。Arcade City 公司希望通过开放的证据、充足的方式来交流和吸取经验，在经过一系列测试完善过程后，还会努力扩大信誉系统，不再只是考虑拼车公司的具体结构，还要转向信誉系统及其他行业系统的互操作性。如今在 Uber 等中心化管理的拼车公司的司机每天都在担心旧金山总部会降低司机的利润率、担心总部强制干预点对点交易的时候，就不难看出越来越高的“去中心化”的呼声，智能合约的重要性也就不言而喻。

从打车软件智能合约的应用可以看出日常生活中，区块链在物联网领域有着巨大的应用潜力，这也让智能合约的应用大有可为。物联网是一个设备、车辆、建筑物与其他实体通过嵌入软件、传感器和网络相互连接的世界，小到房屋门锁，大到自动驾驶车都可以成为物联网的一部分。但是现在物联网还存在一些问题，比如汽车系统可能会受到恶意攻击，房屋进入系统安全性有待加强，以及互联网普遍存在的安全性问题。但是区块链却有着解决这些问题的潜力。

IBM 和三星最近为 ADEPT（自动去中心化点对点遥测技术）提出了一个概念验证，使用区块链数据库建立一个分布式设备网络，由 ADEPT 来提供安全并低成本的设备连接方式。根据可行性执行报告显示，家用电器如洗碗机，可以通过执行“智能合约”来发布命令，要求洗涤剂供应商进行供货。这些合约给予了设备支付订单的能力，并且还能够接收来自零售商的支付确认消息和发货消息，并以手机铃声提醒的方式通知物件主人。通过这些都可以看出在物联网的概念中，区块链技术在未来的应用场景不仅仅是在金融等领域，在生活中给我们带来的便捷和改变更是比比皆是。

最后，我们将智能合约的概念延伸到财产上。智能财产的建立可以通过将智能合约嵌入有形的实物里。这些嵌入的协议基于合约条款将运作财产的钥匙控制权自动交到财产的合法代理人手上。例如，一部车为了防止被偷窃，除非确定拥有者完成正确的“挑战响应协议”（challenge - response protocol），否则车是不会启动激活的。如果车是贷款买的，拥有者无法偿还贷款，智能合约将会自动调用扣押令，并将车钥匙的控制权交给银行。这个智能扣押令（smart lien）应该比回购人机制更便宜也更加有效。同样需要的是当贷款被还清的时候协议可证明地移除扣押令，并排除一些运行中的困难情况。

智能合约是通过区块链协议建立的应用之一，目前围绕区块链应用和智能合约已经建立了两种协议：一种是大名鼎鼎的电子加密平台以太坊；另一种是建立在比特币区块链侧链上的 Rootstock。

4. 以太坊（Ethereum）智能合约的基础设施

当今非常火爆的以太坊最初是由一名 20 岁的俄裔加拿大天才科学家 Vitalik Buterin 开发的，他凭借其在计算机方面无与伦比的天赋，在数字资产行业拥有极高的地位。这位被称为“天才神童”的以太坊创始人出生于1994年，2011年全年为比特币线上媒体《比特币周刊》工作，2011年后期作为联合创始人创建了《比特币杂志》，曾击败Facebook创始人扎克伯格，获得2014年IT软件类世界技术奖。智商超高的Vitalik甚至还在很久之前就自学中文，在与中国社区用户交流的活动中多次用流利的中文为区块链爱好者解答各类问题。那么，到底什么是以太坊呢？以太坊是一个平台和编程语言，能够让开发人员建立和发布下一代分布式应用，可以说是为开发者提供了一个创建和发布他们各自区块链应用的平台。以太坊可以用来编程、分散、担保和交易任何事物：投票、域名、金融交易所、众筹、公司管理等，而这些托管应用程序的计算能力是由一个网络来供应的，人们分别贡献自己计算机的处理能力来维护和运行这些应用程序。以太坊平台的多功能性和能够创建、执行智能合约的能力都使它成为银行与金融技术产业的重要选择。通过使用智能合约，金融机构、交易平台甚至银行部门都能够使他们的后台程序自动化运行，减少整个流程所需要的劳动力和时间。使用以太坊技术平台的主要公司包括纳斯达克，银行区块链财团如摩根大通、高盛集团、Visa等。

虽然智能合约的实践发展是基于比特币而产生的，但比特币目前有限的智能合约开发环境也引发了公共区块链的竞争，例如以太坊从理论上来讲就可以运行更复杂的合约。况且公共区块链的交易确认时间，在一般情况下会比私有网络用时更长。但据新的研究表明，比特币的技术也可以克服这些限制，并获取更多的好处。例如，开发人员正在研究被称为机密交易的加密工具——同态加密，以提高安全性。同态加密是一种无须对加密数据进行提前解密就可以执行计算的方法。该工具可以在无须了解交易输入数量的前提下验证一笔公共区块链的交易，这样就提供了更好的隐私性，也是金融机构最喜欢的特性。这种技术允许用户在解决一笔交易时，无须透露它的金额大小，也不用向他人展示账户金额情况。公共区块链的隐私将通过使用“零知识证明”得到进一步提升，除了声明的有效性，这个验证方法并不会透露其他的信息。使用同态加密技术在区块链上存储数据可以达到一种完美的平衡，而不会对区块链的属性造成任何重大的改变。也就是说，公共区块链仍然是公共区块链，只是区块链上的数据将会被加密，这就解决了公共区块链的隐私问题，同态加密帮助公共区块链达到了私有区块链的隐私效果。而同态加密技术不仅提供了隐私保护，它同样允许随时访问公共区块链上的加密数据进行审计或其他目的。如今这样的项目有 Zcash，这是一个在公共区块链上的开源加密货币促进支付系统，但是发送方、接收方以及交易的金额都是保密的。就好比当前能通过网络来构建安全的电子商务交易一样，未来在公共区块链上构建私有业务也是有可能的。公共区块链平台也支持智能合约，所以在一定程度上吸引了一些主要金融机构的关注。

5. 侧链和闪电网络：另外的可能

在以太坊越来越受到世界关注的同时，2015 年 12 月 Rootstock 横空出世。开发者试图通过“侧链”来解决比特币可扩展性的问题，开辟了新的用于实验的可能性。Rootstock 是一个建立在比特币区块链上的智能合约分布式平台，它的目标是将复杂的智能合约实施为一个侧链，通过在比特币的一个侧链上建立一个全功能的“图灵完备”的智能合约平台来为核心比特币网络增加价值和功能，这也就意味着 Rootstock 不仅是用于双方之间的价值交换，而可以用于更复杂的交易。与以太坊不同的是，Rootstock 使用不同的开源区块链协议来建立智能合约，它实现了以太坊虚拟机的改进，开发团队通过使用可转换为比特币的代币作为智能合约的“燃料”而移除了以太坊“ether”这种代币的需求。值得注意的是，尽管 Rootstock 是建立在比特币侧链上的，但它使用的却是与以太坊操作码相结合的图灵虚拟机。这样 Rootstock 就完全能够与以太坊平台兼容，在 Rootstock 区块链（也就是比特币侧链）和以太坊区块链上都可以完美运行。以太坊和比特币两大区块链平台的结合和兼容性使得 Rootstock 的优势更加明显。据 2016 年 3 月 22 日的消息，区块链创业公司 RSK Labs 已宣布获得了 100 万美元种子资金，用来支持 Rootstock 的发展。

说到智能合约，就不得不提到闪电网络理念。什么是闪电网络呢？它的主要目的是实现安全的链下交易，其本质是使用了哈希时间锁定智能合约来安全地进行 0 确认交易的一种机制，通过设置巧妙的“智能合约”，使得用户在闪电网络上安全进行未确认的交易。2015 年 2 月，约瑟夫·朴恩（Joseph Poon）和萨帝厄斯·追亚（Thaddeus Dryja）发布了一篇他们称之为“闪电网络”的草稿。当时它仅仅是一份不完整的建议，并且没有代码，但它引起了比特币技术社区相当大的兴奋，因为这份草稿让大家看到了即时任意方支付比特币的可能性。可以说，闪电网络就是比特币的一个缓存，基本设计是基于一个网络支付渠道。闪电网络的交易就是未确认的比特币交易。闪电网络不会持有任何人的资金，所有的资金都存放在比特币网络中的多重签名资金交易中，闪电网络所做的就是让参与者之间的签名交易更加方便。简单来说，比如在比特币交易中，双方建立一个交易链，交易链中的交易只有最后一笔需要进入真实的比特币区块链，这就是简单的支付渠道思路。事实证明，只需要少量几乎没有争议的比特币升级，人们就可以生成更加通用的支付通道，它允许双向支付，也允许“条件支付”，条件支付允许构建一个支付网络。实际上，可以通过安全和非信任依赖的方式设定“如果 A 支付了 B，我就支付给 C”等智能合约。合约条件发生之后，你的钱包就会自动向比特币网络广播这个支付交易条件，然后只需等待即可。闪电网络这种支付渠道的理念是能够解决比特币可扩展性、小额支付和 0 确认问题的可行途径，帮助参与者之间直接进行交易，而不是通过区块链发送交易和使用它加密来确保信息安全，只需在最后结算机制时才使用区块链。基于此，闪电网络可以说是链下去中心化交易的杀手级概念应用，当然目前闪电网络还不存在，但如果我们能够在应用中实现这种概念，免费、实时地执行数十亿的小额交易，那么闪电网络的确能够解决我们目前的许多问题。

像比特币这样的密码学货币已经准备就绪，足以帮助智能合约成为现实，最终可能会实现密码学货币和智能合约的双赢。智能合约能够向人们说明虚拟货币独特的益处，这将为虚拟货币吸引更多的用户。智能财产可能是一个很长的路，但是数字现金和合成型资产今天已经出现了，更多的智能合约机制正在被设计出来。到目前为止，对来自截然不同领域如经济学和密码学的自动化合约执行来说，设计准则是很重要的，但两者缺少交叉沟通，一边是对技术缺乏意识，另一边对最好的商业用途缺乏意识。智能合约的理念是要认识到为共同目标而做出的努力，这将在智能合约的概念上进行交汇。

第四章

链接万物的区块链

区块链技术在大数据时代有着越来越广泛的应用，除了金融领域，区块链去中心化、不可篡改又具有高透明度的技术特点已被发现能够在多个领域展开应用。如何高效解决互联网虚拟世界的秩序混乱及诚信的建设，其难度已经不亚于证明“我妈就是我妈”这类问题。如何才能以较低的成本提高数据证明过程的透明度；如何通过分布式数据库以更低的成本明确权属；如何通过区块链点对点通信的技术提高投票决策的效率；如何利用智能合约赋予物联网更高的安全性、智能性和可扩展性；如何和现有电商业务结合，开启另一个共享经济的时代？这些疑问也都是我们对于区块链技术变革生产生活方式的期待。

这个房子属于我吗——区块链给你证明

区块链是一个公共记录账本，存储于全世界数以千万计的计算机之中。存储信息具有的公开公证的可复制性与不可更改性，使得这种公证比目前各国使用的传统公证方法更安全。区块链技术在法律方面尤其是在法律公证和财产公证方面更能大显身手。比如，一些民事领域时常出现举证定责难的情况，而区块链技术则可以记录下每个步骤，帮助司法机关认定具体责任人。尤其在资产领域，无论是房产、汽车等实物资产，还是健康、名誉等无形资产，都能利用该技术完成登记、交易、追踪。甚至大宗商品的交易，诸如贵金属、期货或证券都可以通过智能编码，将信息写入区块链中来实现。我们通过案例来了解这种应用。

如何继承父母房产

首先，让我们先来看一个真实的案例。

小丽是父母的独生女儿，父亲10年前去世，母亲也刚过世。父母亲生前留下一套127平方米的房子，大约价值300万元，房产原先登记在父亲名下。父亲去世时小丽还未成家，因此就没去办理什么手续。现在母亲也去世了，而小丽也已经成家，女儿两周岁，再过一年就上幼儿园了。因此小丽就想把房屋过户到自己名下，然后把自己和女儿的户口迁到房子里去。

小丽拿着房产证和父母的死亡证明到了房管局，要求过户。房管局说仅凭这些东西没法给小丽办过户手续。小丽要么提供公证处出具的继承公证书，要么拿法院的判决书，他们才给办。小丽没办法，谁愿意没事打官司啊，就马上去了公证处。“公证处的人说让我把我爸妈的亲戚全部找到，带到公证处去才给办公证。可我爸妈的亲戚全国各地都有，有的都出国了，我到哪去找他们？”小丽找到律师说明情况时，还没说几句就哭了。

据律师介绍，此类事件并非偶然事件。律师已经接待过大量类似的继承疑难复杂案，而且根据律师接待过的经验，根据现有的法律，即使她费尽周折找到她遍布全国甚至在国外的七大姑八大姨，众堂表亲兄弟姐妹，她也不一定能达到将房子过户到她名下的目的。

洪都拉斯的拆迁纠纷

再看一个国外的案例。

一位在洪都拉斯的老太太住在自家房子30多年，某天忽然来了警察要将她赶走，原因是国家财产局的记录显示，该房子为另一人所有。住了30多年的房子竟然属于另一个人？如何证明我的房子就是我的呢？老太太出具了土地凭证，但法院也未予采信，仍然依据国家财产局的记录为准判房屋归属另一人，老太太无奈地眼睁睁看自己住了几十年的房屋被拆毁。而当老太太的家已经被拆毁以后，法院才发现，财产局的记录有误，房子确实是老太太的。

类似这样因为有意无意的记录错误而导致的不公正与财产损失，每天都在世界各地发生。但人们对此无可奈何，因为最终判断的标准掌握在少数人手上。

传统认证系统的缺点

1. 速度慢，无法快速查找、上传、下载相应的数据

在现有的情况下，记录靠手工完成，所记录数据的保护、同步更新和真实性的验证都非常困难。其中的一部分流程在实现了计算机自动化以后，并没有变得容易，反而是更加困难，因为电脑记录很容易被人为更改。

2. 成本高

需要经过多家机构的多次确认，交易成本高。尤其是在我国现有的条件下，很多认证的成本已经高到让交易无法进行的地步。

3. 存储复杂

需要有权威机构进行集中物理存放。这种集中物理存放不仅管理复杂，而且存在着较大的风险。一旦统一的电子托管器发生损毁，很多资料就无法恢复。

4. 信任缺乏

在当今的经济条件下，信任是稀有的。这种信任的缺乏，造成了大量的资源投入来进行审计和记录核查，从而降低了效率和投资回报率。

区块链技术可以解决公证和认证的问题

1. 不可复制

每个区块就像记账本，含有不同密码，当中的电子货币是由一组独特

密码组成，也可以理解为区块链的唯一性。

2. 去中心化

交易发生时，讯息会发送给所有参与者，由计算机交叉运算认证，而非仰赖权威机构。

3. 不可篡改

认证完成后交易即生效，无法反悔收回，也可以理解为不可篡改性。

4. 透明公开

交易产生的“账本”链接到其他账本上，交易明细都被记录下来，任何人都能查证此笔交易。

所以回到刚才小丽的房产证明纠纷，只需要爸爸写一个房产证明，生成一个 PDF 文件，并发送到区块链上，生成一段“符号加数字”，我们可以将其理解为一把私钥，并将这段“符号加数字”告之小丽，万一发生了房产纠纷，不需要爸爸或者其他公证机构的认可，我们只需要小丽拿着这段“符号加数字”，系统就会自动识别这段“符号加数字”，如果与当年爸爸留下的“符号加数字”相符合，就证明了小丽的这个房产证明就是当年爸爸留下的那份房产证明，就这么简单。

从 Stampery 到 Chronicled，区块链公证业务的实践

Stampery 就是这样一家利用比特币区块链技术代替公证人的创业公司，能为所有的敏感文件提供具有法律约束力的证明。可以用 Stampery 证明任何文件，它能很好地保护知识产权，证明遗嘱、宣誓、合同、家庭纠纷中的通信等的有效性。你要做的仅仅是通过电子邮件把文件发给你的个人专用 Stampery 电子邮件地址，用 Stampery 的网站上传文件，通过 API 将 Stampery 整合到你的产品中，或者将 Stampery 与你的 Dropbox 关联。

相比文件公证，Stampery 的优势在于你不必带着纸质文件亲自去公证人那里，能节省不少时间。对于每月发送少于 100 个文件、使用储存空间小于 1GB 的用户，Stampery 是免费的。每月付费 9.99 美元，就能储存多

达 1 万个文件，储存空间能扩展到 100GB。

Stampery 目前的主要目标客户有三种——需要证明文件的律师、需要证明图片和视频的创作人以及想保护其知识产权的创业公司，在与政府机构合作时，提供的认证服务便捷而且更安全。这种无信任系统在世界上任何一个地方都可以被独立验证，以及在保护知识产权方面都将有所建树。由于使用了这类认证系统，对于重度依赖公证文件的专业人士来说非常轻松，区块链技术公证优势比传统的公证大得多，虽然现在面向的市场很小，在未来的市场中将会占有很高的份额。

Stampery 公司还将推出一款电子邮件标记系统，让用户有证据证明他们发送了某个邮件，同时在区块链上获得这封邮件被收件人打开的证明。如果发件人想让收件人就电子邮件上某些内容发表看法，Stampery 可以让该用户在邮件中设置一个“同意”按钮，这样全部收件人对邮件的表态就可以被存储在区块链上。

由于法律证明是储存在区块链上的，任何人都可以检索到这些证明。Stampery 与其他电子公证服务的不同之处是，公司没有集中化数据库，这也意味着公司不会被黑客攻击，而每一个证明依然能够被验证。但需要提醒读者的是，由于区块链的概念还很新，目前还没有人在法庭上使用它。

Chronicled 是一家利用区块链技术来帮助验证收藏类运动鞋的创业公司，它已获得了由香港风险投资公司曼图资本（Mandra Capital）领投的 342 万美元种子轮融资。其他投资方包括黑豹资本（Pantera Capital）以及 Colbeck 资本管理公司。成立于 2014 年的 Chronicled 公司旨在使用“智能标签”来确保消费者产品的真实性，它可以插入鞋子并连接到用户的苹果或安卓应用。然后 Chronicled 会使用区块链技术将鞋子的信息记录在一个分布式账本上。

Chronicled 希望该系统能够针对三个目标市场：收藏家，在购买收藏品时能够省心；零售商，想要卖真货；品牌商，它们寻求利用“智能标签”来吸引消费者。据 Chronicled 公司表示，它将推出运动鞋认证服务。

我还是我吗——在区块链上很简单

在当今社会，有很多时候需要我们去证明自己、证明家人、证明工作、证明房产，等等。去政府机构进行漫长烦琐的手续证明实在让我们头疼不已，不仅如此，有时候甚至让我们不知如何进行证明。难民身份、重婚危险都是身份证明曾经带给我们的困扰，而区块链技术如何改善这一情况呢？

如何证明"我妈是我妈"

"该怎么证明我妈是我妈！"这是北京市民陈先生的一句感慨。听起来有些好笑，却是他的真实遭遇。陈先生一家三口准备出境旅游，需要明确一位亲人为紧急联络人，于是他想到了自己的母亲。可问题来了，需要书面证明他和母亲是母子关系。可陈先生在北京的户口簿只显示自己和妻子、孩子的信息，而父母在江西老家的户口簿上早就没有了陈先生的信息。在陈先生为此感到头大时，有人指了一条明道：到父母户口所在地派出所可以开这个证明。先别说派出所能不能顺利开出这个证明，光想到为这个证明要跑上近千公里，陈先生就头疼恼火："证明我妈是我妈，怎么就这么不容易？"而更令陈先生窝火的是，这一难题的解决，最终得益于向旅行社交了60元钱，就不需要再去证明他妈就是他妈了。

陈先生的遭遇并非孤例，很多人在办事过程中都遇到过类似的令人啼笑皆非的证明：要证明你爸是你爸、要证明你没犯过罪、要证明你没结过婚、要证明你没有要过孩子、要证明你没买过房……这样那样的证明，有的听起来莫名其妙，办起来更让人东奔西跑还摸不着头脑。而利用区块链技术，比如使用分布式智能身份认证系统，一切信息证明都不可篡改又无误地记录在其中，既不会让私人信息泄露给不法分子，又能在有需要的时候立刻为自己的一切信息做出证明。

如果区块链的技术得到广泛应用，每个人都可以通过家庭关系来证明自己的存在与身份，个人信息被记录在区块链上，就像记在一个分布式公共分类账本上一样。我们如今的身份证就是一个条形码或者二维码，首先它不容易丢失，还有一个好处是万一你不幸成为难民，即便你没有银行账户，也可以凭着这个二维码申请比特币的信用卡，以及接受来自家人、朋友给你的紧急救助资金，而这一切不需要你去任何机构办理任何证明。

分布式智能身份认证系统

不论是 Facebook、LinkedIn（领英）还是 Twitter 这样的网站都会要求用户注册、填写资料、设置交易密码、查询密码等。但注册手续烦琐，而且同时也失去了用户数据的控制权，因为一些私人信息留在网站的信息库里，有可能会被别有所图的“不法之徒”盗取，而用户除了表示不满、气愤之余，没有任何有效的手段。

如果像 Facebook 这样的网站愿意接受第三方网站提供的用户信息进行注册和登录，那么用户会很乐意使用第三方网站管理个人信息，尤其是这个第三方网站使用去中心化的分布式身份认证系统。

如图 4－1，在这样一个智能身份认证系统中，你需要选择一个独有的名字作为其他人能够通过此名字寻找到你的区块链 ID 的方式。而将此区块链 ID 与你的其他社交网站相连接验证，就能够确定你的区块链 ID 所属权并证明你的身份。创建了你独有的区块链 ID 后，会生成你的在线头像（Online Avatar），将其他社交网站链接到智能身份认证系统中生成联系信息（Contact Information）；同时还会显示你的护照照片（Passport style photo），在姓名下方会有一个密钥创建日期（Key creation Date），这是不可更改的，而你独一无二的密钥标识（Key ID）就在智能身份卡的右上方；在护照照片下会有两个独属于你的二维码，分别链接到你的智能身份认证系

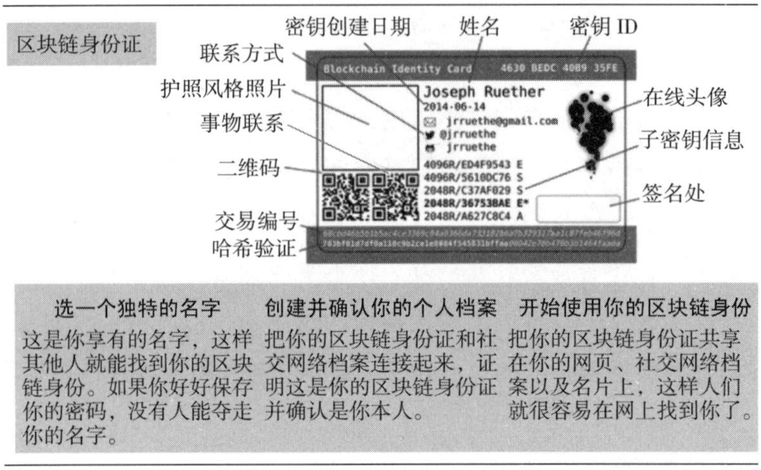

图 4－1　智能身份认证系统

资料来源：http：//jrruethe. github. io/blog/2015/03/27/physical－blockchain－identity－card/

统（Keybase. io Link）和链接交易（Transaction Link）的二维码；二维码左边则为子密钥信息（Subkey Information），右侧是签名栏（Signature Box）；身份认证卡的最下方则是交易表示（Transaction ID）以及哈希算法证明（Proof Hash）。

可以把这个智能身份认证系统想象成“一张电子身份证”。里面包含了你的姓名、出生年月、邮箱、联系信息、电子钱包地址、密钥创建日期、护照照片等信息。现在有这样的一套分布式身份认证系统，能让你安全、便捷地解决信息丢失问题。因为这套认证系统可以让你的信息完全掌控在自己手里，永不会丢失，永不会被篡改。

需要提醒的是，你一定要妥善保管密钥，因为无论进行任何操作，都需要提供密钥来进入账户，如果不幸丢失了密钥密码，你的信息将会永久地放在那个“黑匣子”里，因为唯一的密钥只有你自己知道，世界上没有第二个人知道，但你可以对它进行备份。

区块链上享受结婚证明

我们再来分析一个国外的案例。爱沙尼亚的 e－居民项目也许是这个星球上最先进的技术之一。作为世界上第一个以区块链为基本元素的虚拟化国家，其提供“DIY 管理服务”，除了向难民提供紧急回应和区块链国际身份，该虚拟国家还提供开创性结婚证明、地契、出生证明等。在这个去中心化的管理项目中，无论居民身居何处、工作为何，都可以在区块链上拥有结婚证明和商务合同等等。

这份协议的签订标志着我们向大规模去中心化迈出了更大的一步。区块链技术的出现不仅可以解决当前的难民身份确认难题，也可以享受结婚证明。从本质上我们可以相信这种技术将最终消除国与国之间的国界，从此世界是“平”的。

2015 年 12 月 1 日，是 Edurne 和 Mayel 的好日子。这对夫妻自称为“glomads”，他们经过不断地旅行和探索，决定不再支持任何一个国家或者法律。他们签订了自己的婚姻合同，有效期仅仅只有 42 个月，并且合同还将保持开放，可以随时更改。这种灵活的协议，在传统的法律框架下是无法完成的，因此他们决定创建一个属于自己的、符合他们预期的婚姻管辖权。在区块链上这种婚姻是可以被证明、被记录、被认可的。再比如说，很多国家规定同性恋非法，但区块链上却没有对性别方面的限制。如果一对新人在公证处结婚，并不是说他们在爱沙尼亚司法系统下结婚，或者在其他国司法系统下登记结婚，而是他们在“区块链司法管辖”下登记结婚。

爱沙尼亚的 e－居民项目倡议，可帮助全世界所有人使用安全的、可信的在线网络身份，目前爱沙尼亚政府已经向其 130 万居民提供了此项服务。爱沙尼亚 e－居民项目的项目主管 Kaspar Korjus 介绍说：“在爱沙尼亚，我们认为每个人都应自由地选择最适合他们的数字、公共服务，而不管他们出生地的差别。我们处于一个伟大的时代，传统国家与虚拟化国家在国际市场上互相竞争、互相合作，为居民提供最好的政府服务。

区块链技术不仅为银行业、公司合同提供了一个具有全球法律约束力的证明，并且以具有完整的合约性、快捷、低成本的技术形式为我们的日常生活带来了极大的便捷，并同时能更好地维护全球企业家和居民的权益。

DAOs（去中心化自治组织）

在人们做决定的过程中，尤其是涉及做出一些公共决策的时候，投票仍然是解决问题的常见方法之一，它为每个人提供平等的机会。尽管世界各国都会使用电子表决系统，但是仍旧需要花费几个小时来进行人工验证，即使是在美国，投票舞弊也真实存在。2012 年，在美国司法部民权分部工作的 Justin Levitt（斯汀·列维特）教授表示，在过去 12 年，投票舞弊概率为 0.000002%。而选举的整个过程如果使用分布式账本，就能够有效地将舞弊现象降至更低，因为每一位选民的投票都将被真实地记录在区块链上，不可篡改、真实可信又能实时产生选举结果，无须中心化的人力成本。

即将诞生的区块链总统

2016 年 1 月，有文章发表了关于投票机器的专利应用程序，文中描述了如何使用个人密钥登录投票数据和如何用公开密钥在分布式网络公开结果。签发的投票数据会用公开密钥存储在由投票机器控制的区块链数据中。

目前运用区块链技术选举总统也并不仅是理想中的设想展望，在现实生活中，已经有国家在积极推进实践。根据 2015 年 10 月 16 日 CoinDesk 的报道称，秘鲁的一个政党正在寻求利用区块链技术帮助其进行总统竞选。PerúPosible（秘鲁可行党）是秘鲁前总统阿莱杭德罗·托莱多（Alejandro Toledo）领导的一个政党，其在为 2016 年 4 月的总统选举做准备。希尔默·雷耶斯（Hillmer Reyes）是托莱多竞选的政策主任，也是该党的全国委员会成员，他向秘鲁当地一家名为 El Comercio 的报社透露，该党建议使用区块链技术来缓解社会矛盾、打击腐败现象。雷耶斯向 CoinDesk 进一步透露了他们的这一计划，概述了他们在选举的准备阶段起草了正式的政策建议，聚焦区块链技术在改善政府服务方面的作用。雷耶斯指出，一些社会问题上的分歧往往造成社会冲突，而区块链技术可以作为一个潜在的解决方案。

2016 年 2 月又有新消息传来，乌克兰也准备使用区块链选举系统，并为此修改了法律。在乌克兰，接下来一系列的选举都可能会使用以太坊区块链。这种电子选举系统即使在全球的投票方式中，也算是相当新奇的。乌克兰采取的区块链选举系统采用了智能合约的模式，而其选择智能合约的一个重要理由就是乌克兰有一组需要特别考虑的监管法规。完成选举投票首先需要注册为投票者，而混合解决方案是不被允许的。一个彩色币有可能代表不同的投票，这将会让所有的选票被宣布为无效。而智能合约能够规避这些问题，其是以太坊区块链原生的或者是发行的新资产，部署了原生的智能合约，会把乌克兰政治方面的差异性放入到账户中。当系统被调用时，允许进行任何层级的选举，并且提供足够的可扩展性。

2016 年 4 月，美国总统大选也采用了区块链技术，德克萨斯州自由党在三个分开的区块链上大范围地记录选民公投结果，这也是最近把区块链技术融合进投票过程的项目范例。自由党合伙人区块链科技公司（BTC）为此项目创建了 Florincoin 区块链，250 名代表和 100 名自由选民的投票提名会被记录在 Florincoin 上，而且可以看见每一个单独的投票。

BitNation（比特国）

BitNation 创新性地将区块链技术应用到了公民管理问题，并创设了世界上第一个虚拟的无国界、去中心化的自治国家。BitNation 基于以太坊开发了一份包括 140 行代码的智能合约，通过智能合约这种无国界的技术，BitNation 希望消除国与国之间的地理界线，为终端用户提供程序更透明、管理成本更低的去中心管理服务。

BitNation 提供了一系列低成本、高效率的公共服务，包括出生证明、结婚证、土地产权证和营业执照的办理；而且 BitNation 开始为难民提供服务，其中包括保险、基本收入以及其他基于区块链技术的应用。

比特币 ATM 公司 CoinOutlet 的创始人兼首席执行官 Eric Grill（埃瑞克·戈尔）表示，BitNation 对于各个领域的改变是非常巨大的，他希望它能够成为任何一个世界公民的护照。利用 BitNation 的服务，任何人都能够在区块链上进行验证，而不是去法院和政府机构进行漫长的等待。BitNation 使用区块链技术就是很好的实践案例，它引入了一个创新的方法让人们生活的世界变得更简单也更有保障，虽然这个方法还有待长时间的探索与实践。

区块链上的 DAOs

BitNation 的尝试实际上预示了 DAOs（Democratic Autonomous Organizations）这些类组织需要依赖于区块链而存在。从治理的角度来说，社区规则要由所有缔约方共同制定，社区规则的内容可以包括工作分配、资产分配，甚至指定股份的分配。DAOs 的两个显著例子就是 Slock. it 和 DigixDAO。

区块链让物联网真正链接万物

区块链是一串使用密码学方法相关联产生的数据块，每一个数据块中包含了过去10分钟内所有比特币网络交易的信息，用于验证其信息的有效性（防伪）和生成下一个区块，我们可以把它想象成一个总账本。在这个总账本中，记账员不用去关注一个节点上的数据到底代表欧元、美元或者其他资产，用户也可以自行决定比特币所代表的资产。每个比特币都可以被分割为1亿个最小单位，每个单位都可以单独使用、单独程序化，这意味着用户可以给每一个单位分配属性，用一个单位来表示美元、欧元、人民币、公司股份、一度电、一个快递包裹或者所有权数字证书，因此比特币不仅是钱或者支付方式，比特币可以代表任何财产。

在物联网的时代，运用区块链技术可以直接在机器与机器之间进行经济运行，比如说自动售贩机和无人送货机，这些机器原来无法处理信任的概念，但是借助区块链技术这一切都可以做到，无人机可以准确无误地将包裹递送给收货人，并且确切地知道货款是否已经支付。在去中心化的物联网中，区块链是能够促进交易处理和交互设备之间协作的基础架构。每个区块链管理自己的行为，发挥自身的作用，这样就会形成一个“去中心化的自治物联网”。

更安全的物流和供应链

区块链是一种高度容错式的分布式数据库。2015年11月发表的《区块链项目白皮书》中表明，区块链技术可以记录货物从发出到接收过程中的所有步骤，创建共识网络，能直接找到快递中间环节的问题所在，也能确保信息的可追踪性，从而避免比如“双十一”快递爆仓，丢包、误领、错领等问题的发生，也可有效地促进物流实名制的落实。

利用区块链技术，在快递交接时需要双方私钥签名，每个快递员或快递点都有自己的私钥，是否签收或交付只需要查一下区块链即可，最终用户没有收到快递就没有签收，快递员无法伪造签名，杜绝快递员通过伪造签名来逃避考核，减少用户的投诉。同时，企业也可以通过区块链掌握产品的物流方向，防止窜货或打假，保证线下各级经销商的利益。

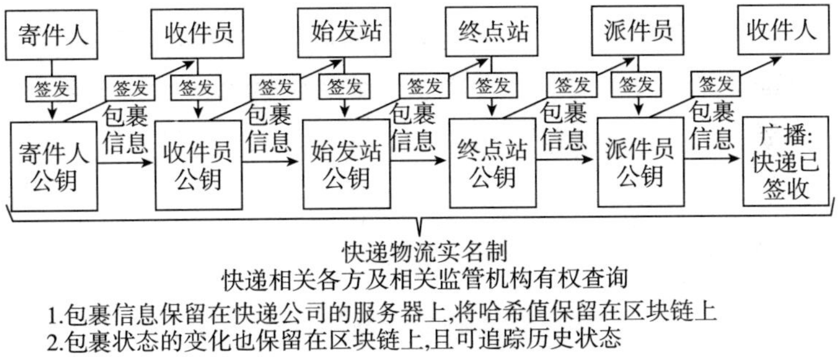

图 4－2 区块链在物流行业的应用

资料来源：http：//www. mingin. com/btc/news/5293－1. html

2015 年 5 月，在 2015 创新中国（DEMO CHINA）春季峰会现场海外专场中，来自加州硅谷的 Skuchain 团队就中国进出口贸易现状与问题给出了自己的看法与分析，并给出相应地解决方案——Skuchain，把商品流和资金流结合在一起使它们同步，并且利用现代密码学技术以及现代数学方法进行整合。

中国现在是进出口大国，自 2013 年起国际贸易额就超过美国，排名世界第一，但同时也产生诸如假货、伪劣产品等问题。Skuchain 公司致力于建设新一代供应链来解决这些问题。2016 年 3 月 31 日，有微信公众号发布信息称，可瑞康正式宣布退出中国市场，理由只有一个：代理商进口了一吨奶粉，结果卖出了十吨的销量，这说明有 9 吨奶粉是假奶粉。而发生这一问题的原因是商品流动和资金流动没有同步，Skuchain 公司可以运用区块链技术把商品流和资金流结合在一起，使它们同步，这意味着我们将现代密码学技术以及现代数学方法整合后，可以使用二维码，更方便地去了解商品的信息。

Skuchain 的工作原理很简单，以进口红酒为例，假设我们有 144 瓶红酒，分成三部分给了经销商，因为总数是 144 瓶，所以不会产生 145 瓶红酒，我们可以做到把其中一瓶红酒或者是几瓶红酒转让给下一个经销商，而经销商不能复制二维码，如果复制的话系统可以跟踪到谁复制了这个二维码，谁企图复制侵犯商品权，制造假货的人就会受到惩罚。Skuchain 公司目前的主要客户群来自一些奢侈品品牌和大牌商品，比如说新西兰的牛肉、蜂蜜、龙虾以及红酒供应商。

智能物联网

区块链技术解决了物联网的核心环节，IBM 早在 2014 年就开始着手研究区块链；近期国内万向集团也投资 5000 万美元风险基金资助区块链项目；杭州复杂美区块链研究中心也透露，目前正在与国内一些企业机构交流、合作、对接，致力于让区块链技术不再局限于研究阶段。

目前物联网存在很多问题，主要是成本过高、用户对其缺乏信任、没有实际的使用价值、没有可预期的商业模式等。隐私、安全和容错性是物联网发展的前提。那么区块链如何应用于物联网呢？

区块链记录了每一个参与者的每一笔交易。密码学被用于确认交易和保证区块链上信息的私密性。参与者确认每一笔交易，提供高度冗余的确认，同时还会因为付出了计算力，获得相应的奖励。通过使用去中心化的共识确认交易，区块链消除了对信任的需要。

尽管区块链作为长期的价值贮藏手段（例如比特币）可能会带来监管和经济风险，但是它作为一种交易处理工具是革命性的创新。在去中心化的物联网中，区块链是能够促进交易处理和交互设备之间协作的基础架构。每个区块链管理自己的行为，发挥自身的作用，这样就会形成一个“去中心化的自治物联网”，从而实现数字世界的民主。

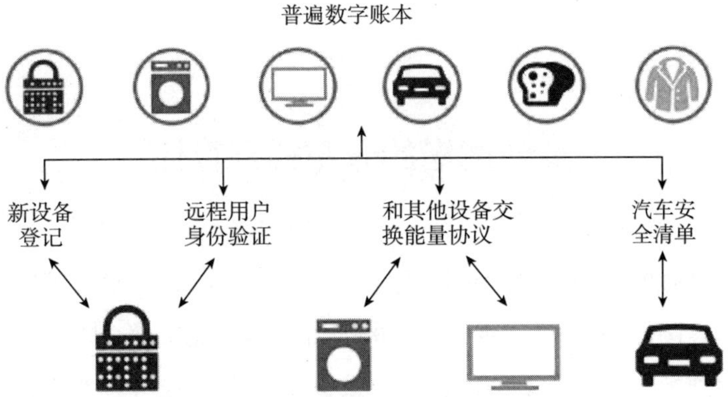

图4－3　区块链充当一个通用的数字账本，

促进物联网设备间不同类型的交易

资料来源：http：//www. wanbizu. com/fazhan/201410122995. html

当没有中心化的服务器充当消息中介、支持文件存储和转移、行使仲裁职能时，任何一种去中心化的物联网解决方案都应该支持以下三种基本类型的交易：无须信任的点对点通信、安全的分布式数据分享和强大的可扩展的设备协作方式。

安全的分布式文件分享协议具有取代基于云的文件存储和传输的潜力，实现安全的软件、固件升级和在设备间进行直接的文件分享。对物联网发展最大的挑战不是简单地建立一个去中心化的物联网，而是建立一个规模可以不断扩展的通用物联网，同时保证隐私、安全和无须信任交易。换句话说，物联网中数以千亿计的参与者不都是值得信任的，有些甚至是恶意者，所以需要某种形式的验证和共识机制。

聚沙成塔的分布式云存储

爱好摄影的李阿姨最近正被一件“大事”所困扰。李阿姨每年都会约朋友一起去国外旅游，拍摄了大量的照片留作纪念，并时常与朋友分享。平时李阿姨把照片存在电脑硬盘里，甚至不让老伴碰这台电脑，就是担心老伴不小心删除了她的“宝贝”，但是不幸的事情还是发生了。有一天当她打开计算机后，发现硬盘上的照片打不开了。她心急火燎地给电脑厂商打电话，厂商说硬盘早过了保修期，能不能恢复数据要看硬盘的受损情况，一周以后消息传来，硬盘数据已丢失，照片无法恢复。有没有一种办法，能解决李阿姨的问题，实现信息的安全、永久存储呢?

分布式云存储

答案就是分布式云存储。中心化的存储方式或多或少面临着信息安全和永久存储的问题，而基于区块链技术的分布式云存储将是解决这一问题的最佳方案。与目前中心化提供的云存储空间不同，基于区块链技术的分布式云存储不但可以储存，还可以同时证明这份数据是真实可信的，并且永远不会被修改。区块链的特点就是分区块存储的，每一块包含一部分交易记录。每一个区块都会记录着前一区块的 ID，形成一个链状结构，因而被称为区块链，以此来保证每一个块上的信息都是不可更改的。区块链实际上就是一个分布式数据库，是加密后分散式存储的云存储。

基于区块链的分布式云存储主要具有如下特点:

1. 实现碎片资源的可利用

每个人都可以通过分享个人的硬盘空间获得金钱回报。这个金钱回报由租户直接支付给个人，提供服务的平台只收取微小的服务费。可以理解为平台就是硬盘存储的 Uber。

2. 大众广泛参与

所有人都可以访问公开区块链上的数据，所有人都可以发出交易等待被写入区块链。共识过程的参与者（对应比特币中的矿工）通过密码学技术以及内建的经济激励维护数据库的安全。

3. 高效、低成本运行

区块链技术在网络上是公开、透明、开源的。不需要通过任何的机构及组织，可以随时随地上传、下载所需要的信息。比起购买昂贵的存储设备及配套的人力来说，租用硬盘空间比较经济、实惠。

4. 较高的安全性

传统的云存储公司购买或租用服务器来存储他们的客户文件，同时使用 RAID 方案或多数据中心的方法来保护数据的安全性。而使用区块链技术不需要中心化，不需要购买昂贵的设备及维护人力。区块链技术让文件存在于一个分布式、虚拟和分散的网络中，这样就不需要像传统的云存储公司那样依靠硬件的维护来保证存储的可靠性。

中心化的云存储早已进入商业应用阶段，如亚马逊的云平台十分强大，足以让用户以平台为基础开发某些复杂度高得惊人的功能，支撑亚马逊云平台强大功能的就是百万级数量的服务器。根据 2015 年公布的数据，亚马逊在全球 11 个地区部署了服务器，每个地区建立了数个数据网络，全球共拥有 28 个数据网络。每个数据网络由一个或多个数据中心构成，通常配备 5 万 ~8 万台服务器。据保守估计，亚马逊在全球范围拥有 150 万台服务器。市场研究公司 Gartner 的分析师估计，亚马逊的服务器总数达到 200 多万台。亚马逊的云平台庞大而复杂，几乎可以说，支持这一平台的数据中心可以构成地球上最大的计算机，从某种意义上来讲，它就是一台通用功能的巨型计算机。报告显示，亚马逊云服务在全球云市场中占据了 27% 的份额，微软的份额约为 10%，随后是 IBM 和谷歌。

从图 4－4 我们可以很容易看到，图表实心块是目前几家大公司所具有

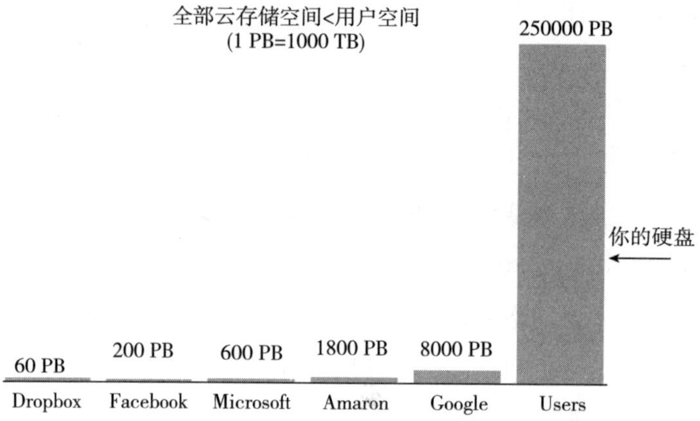

图 4-4　云存储与用户空间的可视化

资料来源：https：//storj. io/storj. pdf

的存储能力，空心是我们现有的可以使用的存储空间。不论 Facebook 、Microsoft、Amazon，还是 Google 公司，服务器再多，再如何增加，都不能与我们现有的可以使用的免费的存储空间相抗衡。

我们可以畅想，电脑制造商们将会设计一款没有硬盘的计算机，因为好处是显而易见的，“我们的电脑不需要硬盘”光是这句广告语，就足以让“粉丝”们兴奋不已，不假思索地下单。“精明”的用户可以算一笔账，假如说我们买一台笔记本原来可能会花费 1 万元，但是没有硬盘的话，应该在 8 千元左右，而我们只需要再拿出很少费用租用一个云存储即可。

在区块链上提供去中心化云存储方案的有 Storj 公司。该公司组织的网络可以提供大约超过 1500TB 的存储空间，大约有 430 名“矿工”，它使用的“燃料货币”是 Poloniex 交易所上最古老和最有价值的币种之一。Storj 是如何解决文件的存储、加密功能的呢?

图 4-5 清晰地解释了文件如何被存储。我们可以理解为文件被自动分解成字节，存在 A \ B \ C 三个不同的硬盘上，而私钥就在你自己手里，不论是提供服务的服务商 Storj 公司还是为你提供存储库的人都没有私钥，这就解决了信息被泄露的问题。还有一点，如果万一你的私钥不小心泄露，

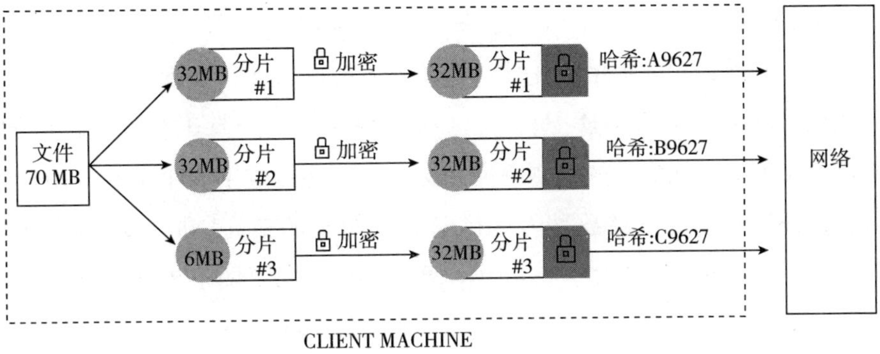

图 4-5　切分过程可视化

资料来源：https：//storj. io/storj. pdf

拿到私钥的人得到了你存在某个硬盘上的信息，这块信息也有可能是一段乱码，而不是一整篇文章。更让人惊叹的是依靠区块链技术我们还可以做到多重备份，比如上例中的李阿姨，她把照片上传后，还是不放心图片存放在一个人那里，则可以在保存文件的时候，同时备份 1 份到 6 份，这可以理解为硬盘保护的“加强版”，当然所付的费用会高些，但是相对于购买昂贵的硬盘来说还是比较经济的。

Storj 在 2015 年 11 月 28 日发布了首个图形界面的版本，让普通人可以自由地分享他们的硬盘空间，而不需要任何特殊的 IT 技能。每个用户可以根据分享的免费空间来获得他们的 SJCX，这取决于共享空间的大小和时间。SJCX 是 Storj 网络系统中的一种代币，可以把它想象成一种“货币”。用户可以在指定的“商场”中使用和流通这种“货币”，也可以通过 SJCX 来租用或者购买存储空间。Storj 公司从测试开始已经进行了 4 轮代币发送，大约发送出 347000 个 SJCX，预计在测试结束前大概还会释放出 80 万个 SJCX。

其他区块链相关服务

SIA、Maidsafe 和以太坊也提供类似服务。

SIA 是另外一个有趣的项目，该项目计划通过应用程序开发来整合存储能力。为此，它和去中心化的应用平台 Cripty 合作，实现能够让开发者写他们自己的应用程序这一目标。Cripty 提供了一个真正基于区块链的，能够部署去中心化应用的完整解决方案，同时还提供了一个绝妙的用户体验，让任何人都可以在数秒内进行安全和简单的交易。但从现有进度来看，SIA 项目还远远落后于 Storj，即便它已经推出了图形界面客户端，但论坛上缺乏活跃用户，并且在 Poloniex 上对于 SiaCoin 的介绍也不是很好。SIA 开始进入市场时价格大概是 6900 聪，目前已经下滑到 5 聪左右。

Maidsafe 是一个开源项目，它声称会给世界带来一个“去中心化的互联网”。MaidSafe 的团队有 16 名成员，据网站说已经在一起工作 8 年了。MaidSafe 网络即将公开 beta 测试，将会在内部进行运作。该公司代码的主要部分将会在开源许可证的情况下进行下载。

以太坊也许是未来 Storj 最为危险的竞争对手，其已经发布了一个测试版本，称为 Ethereum Frontier。以太币目前在 Poloniex 交易所中是交易量最大的数字货币，并且目前整个项目看起来已经初具规模。它提出要建立“去中心化的软件平台”，能够让所有人在平台上进行构建自己的去中心化应用。以太坊还列出它的豪华合作伙伴阵容，目前没有任何团队可以与之匹敌，其中包括微软、IBM 和三星。

自由交易：下一个阿里巴巴

经常有人说“阿里巴巴就是中国的亚马逊”。虽然两家公司都做互联网商业，但和亚马逊不同的是，阿里巴巴并不拥有其平台上销售的大部分商品，也并不用维护庞大的经销商中心，阿里巴巴的淘宝是为消费者提供直接和小商家联系的渠道，而其另一主要购物场景天猫则为消费者提供与较大品牌零售商的联系。阿里巴巴联合创始人之一马云就说过：“亚马逊和 eBay 是电子商务公司，阿里巴巴不是电子商务公司，而是帮助别人来做电子商务，我们不卖产品。”阿里巴巴的盈利模式主要是通过为零售商销售广告和搜索位置（有点像谷歌），以及从天猫上的较大零售商手中获取佣金（这点和 eBay 有点像）。

阿里巴巴的成功是无可厚非的，但是我们不难发现阿里巴巴的盈利模式是建立在对商户的有偿服务之上的，阿里巴巴从本质上来说是一个成功的“第三方中介机构”。那么，在互联网的世界里有没有一种不需要商业性质的“第三方中介机构”的平台，只通过买卖双方自己达成信任实现交易呢？

基于区块链技术的发展，在互联网的世界里有了一家这样的“公开市场”。它利用开源的点对点的技术，实现了买卖双方的直接交易，而不需要借助中心化的平台，信任、安全和纠纷处理都由系统来处理。在这个“公开市场”里面所有人都使用在线交易的新方式，通过在电脑上运行一个程序，你可以直接连接到网络的其他用户，并进行交易。这个网络不是由一个公司控制的，也不是组织管理的，而是去中心化商城，这意味着你不需要支付广告费用。

现在，电子商务意味着使用中心化的服务。eBay、亚马逊和其他大公司对卖家实施严格监管的同时收取不菲的费用。这些公司只接受像信用卡和 PayPal 这样的对卖家和买家都收取手续费的支付方式。它们需要用户的个人信息，这些信息可能被盗取或者卖给其他人，被用于精准投放广告或者危害更大的滥用。而“公开市场”是为网上点对点交易创建的去中心化网络的开源项目，买卖双方使用比特币进行交易，没有费用，而且公开个人信息的决定权在用户手中，为电子商务提供了另一种途径。

假如，你打算出售你的旧笔记本电脑。你需要首先下载客户端，然后在你的电脑上创建一个商品目录，并标明商品的细节。当你公布这一商品目录后，该目录被发送到“公开市场”的分布式网络上。其他用户搜索你设置的关键词：笔记本、电子产品等时，就可以发现你的商品目录。他可以接受你的报价或者提出新的报价。

如果你们两个人都同意这一价格，客户端就会使用你们的数字签名在你们之间创建一个合约，并将该合约发送到被称为公证人的第三方。当买卖双方产生纠纷时，公证人就介入交易。这些第三方公证人和仲裁者也是网络的用户，可能是你的邻居也可能是地球另一端的陌生人。第三方为合约作证，并创建多重签名比特币账户，只有当集齐三个签名中的两个时，比特币才会被发送给卖家。

买家发送商定好的数量的比特币到多重签名地址。你会得到通知，知道买家已经发送货款，然后你就可以发货了，并告诉买家已经发货。几天以后，买家收到笔记本，他将告诉你收到笔记本，并从多重签名地址释放货款。你获得了比特币，买家获得想要的笔记本。没有交易费用，买卖双方皆大欢喜。

如果产生交易纠纷该怎么办？例如你从卖家手里买了一本书，你向多重签名地址发送比特币，但是他们发错了货，或者质量不像广告说的那样好，或者卖家根本没有发货，那该怎么办呢？这就需要第三方介入了。卖家只有在多重签名集齐三把私钥中的两把才能够从多重签名地址中取走货款。第三方公证人控制着第三把私钥，所以在买卖双方达成和解或者第三方认为卖家或者买家是正确的以前，多重签名地址中的比特币不会被移动。

开始时你怎么能信任第三方呢？在用户隐私不被公开的网络上，你怎么能够信任别人呢？“公开市场”平台有一个信誉评分系统，允许所有的用户对其他用户进行反馈评分。如果某些人打算诈骗其他的用户，他们的信誉将会受损，第三方如果不能公正裁定交易纠纷，他们的信誉也会受损。当你在平台上购物和选择第三方公证人时，你能够看到他们的信誉评分，判断其他用户是否信任他们。保证这些评分是合理的和防止作弊是巨大的技术挑战。

如果这样仍然不能消除你的疑虑，卖家和买家可以创建一个投票池，由买卖双方都信任的用户组成。这些步骤可能听起来很复杂，但是客户端会处理这些细节问题。它们的目标是为用户提供比陈旧的中心化平台更好的用户体验。

也有人会问，在这个如此自由的市场上你会交易什么呢？第一个猜测就是毒品。事实上，这种猜测是片面的。历史上第一笔电子商务交易是发生在斯坦福大学和麻省理工学院的学生之间。40 年前，他们通过阿帕网（Arpanet）进行了一小笔毒品交易。如果我们因此而关闭了互联网，那么我们就无法体验到它为当今社会和商业带来的好处。

“公开市场”为消费者带来的好处是：更多的选择。消费者可以根据具体的需要选择阿里巴巴这样中心化的电子商务或者是去中心化的电子商务，从而迫使服务提供者向用户提供更好的价值定位。

OpenBazaar 是一个功能齐全、面对全球用户免费使用的点对点市场平台，目标是建立一个去中心化的电子商务基础设施系统。OpenBazaar 的创始人 Brian Hoffman（布瑞恩·霍夫曼）指出，OpenBazaar 的中心价值主张是：为交易双方提供不依赖于可疑中心服务机构的自由交易。项目小组会致力于推动该项目使用的合法化。

OpenBazaar 已经发布了测试版。测试阶段平台只接受没有任何价值的测试用的比特币，希望开发者能够从中发现系统漏洞，尽量降低系统风险。该系统测试版下载次数高达19593次，首批商家零星出现，提供的服务也是参差不齐。很多急于加入平台的人已经等不及正式版本，下载了试用版并自担风险运行。与此同时，该平台进行了第一笔交易，涉及三个Super Bitcoiner钥匙链、BitAccess的区块链软件工程师ShayanEskandari、Reddit的作者Tyler Smith，后者还在平台上进行了另外两笔交易。从Sam Patterson那里购买了大头针，从该平台另一个联合创始人Brian Hoffman那里购买了一罐红牛。

当前，OpenBazaar项目所面临的最主要的问题是用户的非法交易，由于用户使用强加密软件Bitmessage、PGP以及数字货币，OpenBazaar将无法探听用户的交易。OpenBazaar也无法收集发生在平台上的活动的数据。OpenBazaar发布之前就因为潜在的非法交易可能性而被大量报道。Sam Patterson说："我们预计OpenBazaar上的交易会反映整体社会面貌。只有很小一部分人进行不道德或非法交易，这不能阻止大多数正规交易的进行。"霍夫曼曾表示，他的团队不认可也不支持使用OpenBazaar用于非法目的，如果平台的大趋势是成为非法用途的温床，那他将远离这个项目。

在OpenBazaar的系统下进行交易也离不开第三方中介机构，但第三方中介机构在交易当中发挥的作用则完全不同于中心化的电子商务系统。独立公司OB1目前是OpenBazaar平台上完成度最高的第三方提供商。作为建立在OpenBazaar框架上的增值服务业务，OB1最初将专注于三个核心方面：

第一，主机解决方案。OB1正在与云服务器提供商数字海洋（Digital Ocean）进行合作，为其提供一个易于使用的第三方解决方案。

第二，仲裁服务。该公司希望提供标准合同服务，即在法院具有法律效力，尤其是对房地产等高端行业。它们的目标是为不同的需求、商品和服务提供一个合法的框架，以及不同的合同类型。

第三，买家保护。OB1的目标是提供第三方保存服务，以及为买家和卖家提供保险。

Bitcoin Full Node from Europe 也是一家“公开市场”的第三方服务商，这个店出售比特币节点托管服务，为比特币支持者们提供帮助网络发展的渠道。店铺提供东欧国家服务器的全节点运行的比特币核心钱包（比特币官方钱包客户端）。目前提供的运行计划有三种，限时 1 个月、3 个月或 6 个月；价格从 0.0359 ~ 0.1029 比特币。卖家称，在交易发生 24 小时内，会给买家全节点 IP 地址和一个监控数据的页面。

Jacob Ian Long 和 Esq 是 OpenBazaar 上常见的商品担保交易服务提供者。支付该服务费的方式有两种：第一种是直接支付，这种方式只有在买家认识和相信卖家的区块链使用，否则会有风险，和所有比特币交易一样，即使未收到服务或商品，也不会退款。另一种支付是担保支付（Moderated Payment），买家把钱转到代管账户，交易完成之后会进行支付。担保交易服务提供者不对交易成功做任何事，一旦发生纠纷，他会裁决失误方以及是否付款，这项服务是收费的，卖家和交易担保者都会有信誉评级。担保者进入平台的时候，OpenBazaar 会预测其是否在现实中利用信誉获取信任，就像律师一样。

21 Inc：共享经济的延伸

共享经济一般是指以获得一定报酬为主要目的，基于陌生人且存在物品使用权暂时转移的一种新的经济模式。共享经济的五个要素分别是：闲置资源、使用权、连接、信息、流动性。共享经济的关键在于实现最优匹配、实现零边际成本、解决技术和制度问题。共享概念早已有之，在传统社会，朋友之间借书或共享一条信息，邻里之间互借东西，都是一种形式上的共享，但这种共享受制于空间、关系两大要素，仅限于个人所能触达的空间之内。互联网技术的不断发展使得共享经济得以在更大范围实现。2010 年前后，随着 Uber、Airbnb 等一系列实物共享平台的出现，基于中心化体系的共享经济模式得到了极大发展，而基于互联网通信和密码学技术发展起来的区块链技术对于共享经济有着更为天然的契合性，我们有理由设想，在去中心化的系统下，共享经济将向更广阔的范围延伸。

21 Inc 是一家区块链创业公司，成立于 2013 年，位于旧金山。21 Inc 的主要业务就是提供一款嵌入式芯片 BitShare，允许用户使用智能手机和其他互联网设备进行比特币挖矿。21 Inc 此前曾获 510 万美元 A 轮融资。

21 Inc 推出了新产品 Ping21，这是一个全新的技术概念。有了这个 Ping21 服务，网站管理员就可以使用一个命令，接收他们的网站在几十个不同国家的正常运行时间及状态信息。根据 21Inc 的介绍，每个电脑设备都会拥有一个自己的钱包，它可用于购买和出售数据。用户通过利用 21Inc 推出的微支付市场，将不需要支付昂贵的包月费，客户端只需要向网络提交一个请求，Ping21 服务的比特币电脑会自动执行 ping 操作，检查网站，收集任何有必要的数据，并将这些数据提交给用户，同时使用比特币进行付款。而且这个价格非常便宜，便宜到只需要 0.00001 个比特币。

2015 年 10 月，21Inc 推出比特币电脑并在亚马逊开售。仅需 399 美元，用户就可以购买到这款装载着定制芯片的小型比特币电脑，并可用其生产比特币。当然，能够生产出的比特币数量有限，事实上，根据计算，电脑在不间断运行的情况下一天仅能够生产出价值约为 10 美分的比特币。此外，生产比特币的能力还与你的居住环境有关，生产所耗费的电力成本可能会远远高于生产出的比特币的价值。该公司声称，有了这个平台之后，经济活动的发生就不再需要用户持有银行账户，或在交易过程中使用政府支持的货币，让用户与用户之间的自由交易变为可能。21 Inc 的工程师表示，机器到机器端之间发送和接收比特币的能力具有潜力解锁一种新型的“机器经济”，其中机器能够定期地将数据和服务交易量化为比特币。“通过使用比特币微交易来激励机器操作者，我们就可以得到世界各地非常准确的实时网络状况数据”。另外，21 Inc 销售的这款技术设备其实并不是他们最终计划向广大民众所开放的版本。事实上，这款电脑只是在对 21 Inc 的技术进行证明，希望借此打动开发商，令其使用 21 lnc 的芯片来制造应用程序。在接下来的几年中，21 Inc 预计这类芯片将会变得更小和更便宜，且可被内置于各式各样的第三方设备之中，就像今天的英特尔芯片一样。21 Inc 的最终设想是把具有上述功能的芯片嵌入智能手机，届时 wifi 分享、慈善捐款、自动付费点唱机等都可以使用 21 Inc 的技术，未来其应用的范围将十分广大。

现在我们不论是进入餐厅还是咖啡馆，首先问的不是“有冰镇的可乐吗?”而是“请问，你们提供的免费 wifi 密码是多少?”有了这款芯片，手机将会根据你周围可提供的愿意分享自己 wifi 流量的号码，自动登录，并根据你所使用的时间和流量收费，对于分享者来说，一小点的分享也能带来一小点的回报，也是很不错的选择。

你可能在电视上、网络上看到一条令你心碎的消息，你只要发短信到某某电话号码，即可向特定的慈善机构捐献 10 美元，而慈善机构将把你的捐款转给受捐人，以期给他（她）们的生活带来帮助。在这项交易中，电话运营商充当了中间人，将 10 美元纳入了捐款人下月的电话账单中。这种服务会给客户带来诸多方便，如果客户想捐款，不需要从包里掏出信用卡，也不需要担心自己的信用卡会因此遭盗用。

使用这项技术的其他产品也将能通过类似的方式运营。市场上可能会出现这样一种照相机，可以在内部存储量不足的状态下自动购买在线存储空间以继续拍摄照片和视频；也可能会出现这样一种平板电脑，可以自动检测出可供租用的 wifi 网络，并以价值若干便士的比特币购买到 wifi 的使用权。

除此之外，也许商家会为虚拟货币的使用想出一些其他巧妙的方式，令消费者的生活更加方便。同时，伴随着人们家庭中和工作场合里数字设备数量的不断增加，21Inc 的这项技术也有助于解决“孤儿设备”的问题。在此之前，原始的研发公司停止了对某些数字设备的支持和维护，而任由其处于损坏或者更糟的不安全状态下。如果用户为每个这样的“孤儿设备”缴纳少量的比特币作为维修费，无论其设备制造年限多长，21Inc 都将为原始制造商们继续提供支持和维修设备的基金。

如此，你可能仍会感到奇怪，为什么人们要购买这样一个奇怪的“印钞”芯片来替代实际金融系统进行日常买卖的支付？以下是两大原因：原因之一是，对于某些应用程序而言，用户将信用卡的信息输入某种特定的数字设备中具有一定危险性。而一个更加根本的问题是，传统金融系统中有关手续费用的规定令小额交易非常不划算。在信用卡的花销机制中，用户进行的交易额越小就意味着手续费在交易额中占据的比重越大。这就是为什么我们在网络商店中很少看到有比 iTunes 商店里 99 美分的歌曲还要便宜的东西。在低于 1 美元的经济维度下，信用卡支付功能几乎已无法发挥其效用了。而小额交易才是 21Inc 能发挥其“魔力”的领域：也许标准的比特币网络并不是一个良好的小额支付平台，但它却是一个无比开放的软件平台。而公司也已经研发出了新技术，可令比特币网络内的小额支付比其他任何一种在线支付技术都更具效率。小额支付还可运用于其他领域：用“小额”的比特币支付英文对中文的翻译或文件的转换；建立自己的数字商品商店，类似 iTunes；租用物联网硬件设备，从智能密码锁到 3D 打印机；运用机器人查找哪家网站上的手机最便宜；购买喜欢的音乐；为邮件付费，减少垃圾邮件的产生；减少网站的广告（现在网站的经营者只能靠收取广告费来赢利）。

但是，如果你仔细想一想这种数字设备在实际生活中的工作原理，就可以清楚地看到，推广这种技术仍然存在着很大的困难。想象一下，在未来你的家中装满了内置 21Inc 比特币“挖矿”芯片的家用设备，而在月末你突然发现，电费比你所预期的高了 20 美元。也许是因为当月天气炎热，你的空调“加班”运行了多时；也许是你的比特币设备遭遇了黑客袭击，有坏人偷走了你的电力为他们自己生产比特币去了；又也许是你处于青春期的儿子最近新买了一个设备，该品牌不在比特公司名单上，因此在生产出大量比特币的同时也耗费了超于其所承诺的更多电力，额外的附加费用都交回了原始的制造厂商。问题在于，你永远不会得到答案，也不存在一个简单的方式能够找寻到这一问题的答案。这不像是你的电费账单明细，能将各式电器所耗费的电量逐一列出。如果你使用了比特币设备，你将会被迫开始自主测量房内各种家电的能耗，这种计算上的麻烦是 21Inc 应当考虑进行消除的。

第五章

区块链应用的全球进展

区块链以一种去中心化的方式集体维护一个持续生长的数据库，为金融业的未来升级提供了一个可选的方向，因此也吸引了全球金融巨头和投资人的目光。

根据区块链科学研究所创始人梅兰妮·斯万的观点，区块链技术发展分三个阶段或领域：区块链 1.0、2.0 和 3.0。所谓区块链 1.0，就是数字货币领域的创新，如货币转移、兑付和支付系统等；区块链 2.0 更多是做一些合约方面的创新，即商业合同涉及交易方面的，比如股票、证券的登记，期货、贷款的清算结算，所谓的智能合约等；区块链 3.0 则更多地对应人类的组织形态的变革，包括健康、科学、文化和基于区块链的司法、投票等。

目前区块链技术的发展和应用主要处在对区块链 1.0 和区块链 2.0 的探索阶段。与此同时，世界各大金融机构都在紧锣密鼓地向区块链技术的研究和区块链项目投入资金，其中就包括纳斯达克、高盛、花旗银行、摩根大通、瑞士银行、道富银行、桑坦德银行、巴克莱银行等。

2015 年上半年，比特币公司 coinbase、21 Inc 和 Circle 接连获得美国风险投资公司 Andreessen Horowitz、芯片制造商高通公司（Qualcomm）、纽约证券交易所（NYSE）、金融巨兽高盛等巨头公司的注资，三家创业公司共计获得 2.41 亿美元巨额融资。

进入 2015 年下半年以后，区块链概念开始兴起，传统金融巨头也开始尝试布局区块链或分布式账本项目。据统计，在 2015 年，非比特币区块链领域投资事件共 13 起，占比 19%；投资额 1.293 亿美元，占总投资额的23%。

吸引投资和合作伙伴最多的当属分布式账本技术即区块链技术初创公司R3CEV，其主要致力于为银行提供探索区块链技术的渠道以及建立区块链概念性产品。以R3CEV公司为核心的区块链联盟于2015年9月成立，截至2016年初，共有42家金融机构成为其创始伙伴。

目前，R3CEV联盟已经完成了两轮金融机构大规模参与的测试。按照各方分析人士的观点，R3 CEV倡导的区块链技术可能很快会应用于国际金融支付和清算领域，首先颠覆现有的支付系统。

2016年以来，越来越多的创业者与机构开始重视区块链技术。107个项目、29个投资事件、24127万美元的投资额（数字仍在变动……）。在区块链应用方面已经取得进展的主要有以下项目。

BitPay融资3000万美元，估值达1.6亿美元

日期：2014年5月9日

公司：BitPay

金额：3000万美元

轮次：A轮

地区：美国亚特兰大

投资方：Index Ventures、理查德·布兰森（Richard Branson）、雅虎联合创始人杨致远

比特币商业交易平台BitPay进行的一轮融资已经筹得了3000万美元资金，该金额是截至2014年5月该领域规模最大的一轮投资，现在该公司的估值大约为1.6亿美元。加上前一轮的融资，BitPay获得的投资额已经超过了其他竞争对手。

这也是比特币生态系统变得成熟完善的标志之一，许多顶级风投公司都开始向这一领域投入大量资金。虽然之前出现了Mt. Gox破产这样的严重事故，但是大型投资基金都想在该领域投入至少一家公司，准备迎接比

特币的重新崛起。

BitPay 在 2013 年处理的交易金额超过了 1 亿美元，还获得了 Horizons Ventures 的投资，这是香港亿万富豪李嘉诚旗下的投资公司。BitPay 之前已经跟 Zynga 和 Branson 等客户进行了一些大型的比特币支付测试。BitPay 的交易平台主要面向中小型的企业，它通过提供不同等级的账户获得收入，不同账户等级的收费从 20 美元到 300 美元不等，除此之外还有其他定制功能的账户等级。它还提供了一个入门交易套餐，对所有的交易都只收取 1% 的手续费。

Coinbase 正式完成 7500 万美元 C 轮融资

日期： 2015 年 1 月 20 日

公司： Coinbase

金额： 7500 万美元

轮次： C 轮

地区： 美国加州

投资方： DFJ Growth、Andreessen Horowitz、Union Square Ventures、Ribbit Capital、NYSE、财富 500 强金融服务集团 USAA、西班牙对外银行 BBVA 以及日本电信巨头 DoCoMo

比特币支付处理商 Coinbase 于 2015 年 1 月 20 日正式完成 7500 万美元 C 轮融资。此轮融资也标志着此前由 blockchain. info 所创造的单笔 3050 万美元融资纪录作古。

Coinbase 首席执行官 Brian Armstrong（布莱恩·阿姆斯通）认为参与此轮融资的投资者们对于比特币行业的创新都感到非常兴奋，他们希望能够利用投资 Coinbase 的方式，来了解比特币更多的可能性。

Coinbase 用这笔新融资扩张员工数量的同时，还注重提高他们的移动端产品质量，此外 Coinbase 还打算向发展中国家扩张，将着重关注全球范围内那些没有银行服务的地区。而 Coinbase 的这笔 7500 万美元融资，是截至 2015 年 1 月比特币行业里融资规模最大的一次。

Coinbase 会根据客户的需求调整其产品，将其 APP 翻译成各种语言版本，此外有了这一大笔资金，Coinbase 就无须再为监管负担而烦恼。Coinbase 拥有了超过 200 万数量的钱包用户，而公司的数据指标表明，用户的增长其实与比特币价格所呈现的关系不大，而投资者们实际上也并不关心 Coinbase 当前的用户数量，他们是将重点放到长期内 Coinbase 将会发展到何种地步。

超越 Coinbase，初创比特币公司 21 Inc 获 1.16 亿美元巨额融资

日期： 2015 年 3 月 11 日

公司： 21 Inc

金额： 11600 万美元

轮次： C 轮

地区： 美国

投资方： 领投者包括美国风险投资巨头 Andreessen Horowitz 、RRE Ventures、来自中国的私募股权公司 Yuan Capital、芯片制造商高通公司，其他投资者包括 Khosla Ventures、Data Collective 、PayPal 联合创始人彼得·泰尔（Peter Thiel）、马克斯·列夫琴（Max Levchin）、eBay 公司联合创始人杰夫·斯科尔（Jeff Skoll）、Dropbox 公司首席执行官德鲁·休斯顿（Drew Houston）、Expedia 首席执行官达拉霍斯劳沙希（DaraKhosrowshahi），以及 Zynga 公司联合创始人马克·平卡斯（Mark Pincus）

据华尔街日报 2015 年 3 月报道：在过去的一年半中，一家硅谷比特币初创公司暗中尝试说服一些大腕风险投资者投资该公司，希望以此能将比特币技术带入大众市场。

这家名为 21 Inc 的公司终于浮出了水面，并宣布已获得了 1.16 亿美元的巨额风险投资，超越 Coinbase 成为有史以来数字货币领域内获得最多融

资的初创公司。21 Inc 联合创始人兼首席执行官马修·波克尔（Matthew Pauker）希望公司在较短的时间内能在软件和硬件产品领域有一些有趣的发展，以推动主流社会接受比特币。同时，高通公司的参与将是关键，可能会促使21 Inc 将目光投向物联网市场。此外，21 Inc 的前身是21e6（寓意比特币总量为2100 万个），早在2013 年11 月时，21e6 公司就在首轮融资中获得505 万美元资金。

智能合约平台 Symbiont 获700 万美元融资

日期： 2016 年1 月

公司： Symbiont

金额： 700 万美元

轮次： A 轮

地区： 不详

投资方： 不详

Symbiont 这家智能证券交易平台完成了一轮700 万美元的融资，该公司的估值已达到了7000 万美元。

Symbiont 起源于 Counterparty（合约币）项目，它是由 Overstock. com 公司旗下 Medici 项目（现 t0）的前成员创立的，根据 Symbiont 公司的网站介绍，“Symbiont 正在建立第一个用于发行区块链智能证券和交易智能证券的平台”。智能证券是一个描述智能合约的术语，其可用特定的规则进行编程。

Symbiont 的创始人是 Robby Demody、Evan Wagner 和 Adam Krellenstein，2015 年3 月，三人所创立的 Counterparty 与 Mark Smith 的 Money f（x）公司进行了合并。

Counterparty 是早期的 Bitcoin 2. 0 项目之一。在本质上，它可以允许用户执行不同的金融应用，而不仅仅是比特币的 P2P 支付网络，并且它也受到比特币网络的保护。此前，这家公司在种子轮中融得了125 万美元。

“看到更多的风险资本进入这个领域，这是很好的现象，这代表了区块链解决方案有了更多更好的机会。但是，我们不能把融到多少钱作为一个成功的标志。我们会看到，一些公司仅仅融了很少的钱，却做得非常好，也有一些公司融到了一大笔钱，最后却失败了。我们更应该专注于理解部署、使用和实际客户创新的状态，以评估区块链对金融服务的影响”，虚拟资本风险投资公司（Virtual Capital Ventures）普通合伙人 William Mougayar（威廉·穆贾雅）的这个观点算是对一些区块链项目的一个客观的评价。

比特币区块链应用公司 PeerNova 融资 860 万美元

日期：2014 年 12 月

公司：PeerNova

金额：860 万美元

轮次：A 轮

地区：美国奥斯丁

投资方：此轮融资是由 Mosaik Partners 领投，AOL 前首席执行官 Steve Case（史蒂夫·凯斯）以及 Crypto Currency Partners 也参与了融资

比特币挖矿以及区块链软件解决方案初创公司 PeerNova 成立于 2014 年 5 月，是由矿业公司 HighBitcoin 以及 CloudHashing 合并而来，此前，HighBitcoin 负责生产挖矿硬件，而 CloudHashing 则从事于销售挖矿云算力。

PeerNova 的总裁兼首席执行官 Emmanuel Abiodun（依曼尔·阿宾德）表示：“我们仍旧会继续挖矿，但它不会成为我们的主导业务，我们的定位更趋向于基础设施提供者，而非加密货币公司。”该公司的新网站进一步表明，去中心化的应用（DApps）、智能资产、智能合约以及电子货币软件应用程序将是 PeerNova 主推的新方向。

Abiodun 提到了以区块链技术为基础的文件存储、身份管理以及资产安全传输等产品，他表示：“我们的根就是源于加密技术，我们正在使用

这些技术帮助比特币成长，而不仅仅是作为一种货币。”

目前，有很多公司正在建立相关产品，旨在解锁比特币区块链以及竞争链，用于公众证明以及资产传输。对于许多初创公司而言，他们要思考的是，比特币技术不仅仅是应用于金融创新，例如智能合约就是建立于区块链技术，它的策略将使得比特币不仅仅是一个货币。此外，Blockstream 刚刚融资 2100 万美元，将用于打造侧链，新的竞争链将与比特币区块链建立联系，这对数字货币实验将产生重大影响，全新的公共总账应用正在建立。而 PeerNova 未来的业务正是朝着这个商业模式前进，Abiodun 表示：“我们的重心就是在区块链之上创建软件堆栈。”

智能合约交易平台 Mirror 获 A 轮 880 万美元融资

日期： 2015 年 6 月

公司： Mirror

金额： 880 万美元

轮次： A 轮

地区： 美国加州

投资方： Route 66 Ventures 在此轮融资中领投，其他跟投方包括巴特利风险投资公司（Battery Ventures）、交联资本（Crosslink Capital）、RRE Ventures 以及蒂姆·德雷珀（Tim Draper）。此外，Route 66 venture 合伙人帕斯卡尔·布维尔（Pascal Bouvier）将加入 Mirror 的董事会

Mirror 公司的首席执行官艾维许·巴阿玛（Avish Bhama）认为，当前金融服务行业正发生着一场变革，Mirror 公司看到了一个巨大的机遇，将为风险管理与套期保值提供更先进、更高效的服务。

2015 年 5 月，Vaurum（Mirror 公司的前身）获得了 400 万美元的种子资金，投资方包括 Battery Ventures 公司，蒂姆·德雷珀以及 AOL 首席执行官史蒂夫·凯斯（Steve Case）。

在完成此轮融资后，Mirror 公司获得的总融资额达到了 1280 万美元，

该公司表示，将利用这笔资金建立工程团队并拓展其国际业务。

区块链公司 Chain 获 3000 万美元融资

日期： 2015 年 9 月

公司： Chain

金额： 3000 万美元

轮次： B 轮

地区： 美国旧金山

投资方： Visa 公司、纳斯达克、花旗风投、RRE Ventures、第一资本金融公司、Fiserv 公司、Orange SA 等金融巨头

旧金山区块链初创公司 Chain 的首席执行官 Adam Ludwin（亚当·路德文）表示："智能的区块链网络能够从根本上改善资产的移动，很高兴我们能够与这些机构进行合作，我们相信，他们能够充分利用这场即将到来、不可避免的市场格局变动。"

支持 Chain 公司的投资方还承诺共同成立一个"区块链工作组"，以促进对区块链应用持续和定期的讨论。该工作组预计每年举行两次会议。此外，该公司还表示，RRE Ventures 首席执行官吉姆·罗宾逊三世（Jim Robinson Ⅲ）将加入公司的董事会，而 Ludwin 也将担任 RRE 的负责人。

Chainalysis 募集 160 万美元的资金，与欧洲刑警组织签署网络犯罪协议

日期： 2016 年 2 月

公司： Chainalysis

金额： 160 万美元

轮次： 天使轮

地区： 不详

投资方： Point Nine Capital、TechStars、数字货币集团（Digital Currency Group)、Fundersclub 和 Converge VP

区块链初创公司 Chainalysis 已经与欧洲刑警组织的欧洲网络犯罪中心(EC3)签署了谅解备忘录，以后会共同合作努力打击网络犯罪。这个谅解备忘录签署的时间恰逢公司结束由 Point Nine Capital 风投公司主导的 160 万美元的种子期资金。

Chainalysis 的首席执行官 Michael Gronager(迈克尔·格朗格)在一份声明中说："这种新型合作是努力将数字货币从犯罪分子手中摆脱，移入消费者和繁盛商家手中的重要一步。"虽然大家普遍认为区块链技术在许多不同的应用和行业方面具有重大突破潜力，但 Chainalysis 公司认为，这种积极性一直受到负面新闻的影响，其中数字货币技术的应用与欺诈和网络犯罪有关。

好莱坞长老会医疗中心(Hollywood Presbyterian Medical Center)的敲诈事件就是一个典型事例。应数百万人的要求，医院最终被迫向黑客支付了 1.7 万美元，重新要回了其计算机系统的控制权。Chainalysis 公司还引用了欧洲刑警组织 2015 年发表的报告，其中提到了网络犯罪正迅速增长，比特币也正在通往数字罪犯的路上。

Chainalysis 公司通过跟踪区块链上数字身份改变的这种状况，表示其软件能够实时监测可疑活动，并提供帮助执法机构工作的调查工具。很多黑客活动是通过有关比特币交易元数据的私有数据库完成的。从这一点上来讲，黑客是最脆弱的。

值得注意的是，Chainalysis 公司是越来越多的开发区块链合规解决方案的企业之一，其竞争对手包括 Polycoin 和 Coinalytics 这样的初创公司。

当黄金遇见区块链技术：BitGold 获 350 万美元 A 轮融资

日期：2014 年 12 月

公司：BitGold

金额：350 万美元

轮次： A 轮

地区： 加拿大多伦多

投资方： PowerOne Capital、Soros Brothers Investments、Sandstorm Gold、PortVesta Holdings

加拿大数字货币创业公司 BitGold 总部位于多伦多，提供了一个专注黄金，以消费者为中心的互联网平台，用于全球区块链支付，同时提供安全、可赎回的黄金存储。BitGold 公司认为自己的使命是：黄金安全存储及交易的全球入口，同时提供基于区块链技术的数字支付。

BitGold 公司将黄金——比特币所设计模仿的一种资产，作为其中的一个重要元素。BitGold 平台的灵活性将使黄金成为一个核心储蓄账户以及数字货币，形成无缝全球支付，或为一个必然发生的货币的互联网，提供一个自然世界的存储和安全阀。

BitGold 公司的首席执行官 Sebag（赛巴格）认为，区块链和 Ripple 等去中心化支付技术的突破，已经创建了一个历史性的机会——使黄金成为一种有效的日常交易支付方式。当还是一个专业投资者时，Sebag 很好奇为什么会没有一种“拥有黄金”的简易方式，以及合法、透明、税务合规的花费黄金的方式。“真正的”黄金所有权，要求这个贵金属安全存储于地窖或保险柜中，这让其极难被花费，特别是在微交易中。但是 BitGold 通过开发一个平台解决这个问题——一部分黄金交易所、一部分支付技术、一部分托管，最终将形成一个非常好的用户体验，将黄金从一个物理元素提升为一个可用于互联网的，即时易得的记账单位以及价值存储手段，这将是一个黄金操作系统。

Align Commerce 获 1250 万美元 A 轮融资

日期： 2015 年 11 月

公司： Align Commerce

金额： 1250 万美元

轮次：A 轮

地区：不详

投资方：谷传奇投资公司凯鹏华盈（KPCB），跟投方包括数字货币集团（Digital Currency Group）、FS 创投（FS Venture Capital）、Pantera 资本（Pantera Capital）、征募创投合伙人（Recruit Ventures Partners）以及硅谷银行的投资部门 SVB 风投（SVB Ventures）

创业公司 Align Commerce 是由西联汇款前总经理 Marwan Forzley（马万·弗斯利）一手创立，该公司正在寻求颠覆小型企业（SMB）的跨境支付市场。在加盟西联汇款之前，Forzley 还是支付创业公司 eBillme 的创始人，后来西联汇款收购了这家创业公司，Forzley 也因此加入了西联汇款。

Forzley 表示："我们相信跨境支付格局将被打破，采用新的技术可以帮助减少一些摩擦，这就是为何我们会用区块链。"Forzley 声称其公司产品改进了传统电汇的跨境交易，这种解决方案带来的不仅是成本上的降低，还有其他方面的益处。

Align Commerce 公司还在 2015 年 4 月获得了一笔种子资金，但并未公布具体的金额，而最新获得的 A 轮融资将用于扩展 Align 公司的服务范围。而作为交易的一部分，凯鹏华盈的一般合伙人 Randy Komisar（元蒂·克姆斯塔）将加入该公司的董事会。

Align Commerce 使用区块链技术，是要取代代理银行在跨境支付过程中进行的工作。该公司认为，这种技术可以为商家客户提供更为经济的交易。其市场定位类似于分布式支付协议提供商 Ripple。2015 年 10 月，Ripple 公司宣布将其重心放到跨境支付上。

这两家创业公司之间并没有争用相同的客户群体，尽管他们在技术方法上有着很大的相似性。Ripple 的目标是银行，而 Align Commerce 瞄准的则是小企业市场。Align Commerce 当前所使用的是比特币区块链，同时，如果有需要的话，Align Commerce 公司的产品也可以使用 Ripple 的分布式总账。Align Commerce 公司的产品是一个应用层的产品，可以切换到任何的加密货币。

比特币公司 Blockstream 斩获 A 轮 5500 万美元融资

时间： 2016 年 2 月 4 日

公司： Blockstream

金额： 5500 万美元

轮次： A 轮

地区： 美国旧金山

投资方： 领投方分别是安盛战略风险投资公司（AXA Strategic Ventures，法国跨国保险公司安盛集团的风险投资部门）、Digital Garage（由伊藤穰一联合创立的东京在线支付公司）以及香港风险投资公司 Horizons Ventures。其他参投方还包括 AME 云创投、区块链资本（Blockchain Capital）以及未来\ 完美风投（Future\ Perfect Ventures）

Blockstream 两轮融资共计拿到了 7600 万美元。迄今为止，该公司的标签技术一直是它的侧链产品，目前它正处于测试当中，这种技术可以将资产从一个区块链转移到其他的区块链。

而鉴于私链和许可管理（permissioned）区块链最近引起的关注，Blockstream 尝试的可互操作区块链将为比特币网络添加功能性。

Blockstream 首席执行官 Austin Hill（奥斯汀 · 希尔）说："我们是首批描绘可互操作区块链愿景的公司之一，也就是说将来不止会有一个区块链，而是会有很多的区块链。"不过，Hill 表示公司仍会致力于开发开源比特币区块链的技术，他称之为"最成熟、最安全"区块链服务的基础设施。"我们不想看到的是，如果人们转移到了不同的协议和技术栈，最强大和最安全的区块链协议却遭到了淘汰，我们相信，所有这些区块链变得可互操作将是有利于社会的。"

Hill 还引述了区块链创业公司数字资产控股（DAH）使用 Blockstream 技术的决定，以此作为开放式账本项目（Open Ledger Project）的一部分。

这一开源区块链计划是由 Linux 基金会负责监督的，这也是比特币代码库对商业应用越来越重要的一个例子。

这轮融资紧随了数字资产公司的6000 万美元融资。一方面，数字资产公司的许可管理或私有区块链解决方案，吸引了 14 家主流银行和 IBM 的注意，而 Blockstream 这轮融资的参与者大多数是风险投资公司，并且其技术目标所针对的是比特币网络。不过，在 Hill 看来，这些私链公司并不是 Blockstream 的竞争者。Hill 表示，“有些时候，我们会争取机会，但我们也和数字资产公司的朋友合作。他们会对我们的代码进行反馈，我们已经和他们有过会面，并展示了通用架构。有迹象表明，他们正在关注的焦点并不是我们所专长和关注的。我们很高兴看到区块链在银团贷款方面的应用，但我们有着一个完全不同的背景。”

这轮融资对于整个比特币生态系统而言，将意味着一张信任票，Hill 认为比特币的基础代码将被广泛使用，甚至是私有或许可管理的区块链解决方案。比特币是目前最成熟的区块链协议，它已经运行了一个价值20 亿~70 亿美元的安全赏金，多年来它已经给予了人们很大的信心。

区块链创业公司 Gem 完成 710 万美元 A 轮融资

日期：2016 年 1 月 7 日

公司：Gem

金额：710 万美元

轮次：A 轮

地区：美国加州

投资方：本轮领投方为 Pelion 风险投资合伙公司，跟投方包括 KEC 风险投资公司、区块链资本、数字货币集团、RRE Ventures、Tamarisk Global、Drummond Road Capital、Tekton Ventures、Amplify. LA、Danmar Capital 以及天使投资人詹姆斯·华金（James Joaquin）

加州创业公司 Gem 至今共计融得资金 1040 万美元，前一轮 330 万美元的融资是在过去两年中完成的。作为交易的一部分，Pelion 风险投资公司的合伙人本·达尔（Ben Dahl）将加入 Gem 的董事会。

Gem 公司表示，公司此前为比特币开发者推出了多重签名 API，目前他们正在扩大 API 开发，为区块链应用开发一个模块化平台可应用到多个行业。“我们相信，区块链技术将改变人们和企业之间的相互作用”，Gem 首席执行官兼创始人 Micah Winkelspecht（米克·威克皮特）说，“这将支撑整个行业，有一天将产生一种区块链经济，这将成为我们日常生活的基本架构。”此外，Bitium 公司的首席执行官 Scott Kriz（斯科特·科瑞兹）也被任命为 Gem 的董事会成员。

去中心化淘宝 OpenBazaar 获得 100 万美元种子投资

时间： 2015 年 6 月 11 日

公司： OpenBazaar

金额： 100 万美元

轮次： 天使轮

地区： 未知

投资方： 风投公司 Andreessen Horowitz、Union Square Ventures 以及天使投资人威廉·穆贾雅（William Mougayar）

OpenBazaar 旨在实现更广泛的 P2P 电子商务，使用比特币作为交换媒介，消除中心化模式导致的隐私和经济问题。

OpenBazaar 最初是建立在 Darkmarket 这个去中心化市场上的，2014 年 4 月在多伦多比特币世博会上赢得黑客马拉松比赛，后来从 Darkmarket 中分离出来。时隔一年，OpenBazaar 宣布了这次的融资消息，此前 OpenBazaar 已经发布了几个测试版本，最新版本被称为“PortoBello”，在 2015 年 4 月下旬推出。

这些资金将被用来支付几个全职开发者的工资以及 OB1 的创建。OB1 是一个新的公司，今后将会为 OpenBazaar 的用户服务。Union Square Ventures 投资公司的管理合伙人布拉德·伯翰（Brad Burnham）说，他的公司会支持这种区块链相关的创新项目，创新的关键是“开放市场”。他认为 OpenBazaar 的服务是一种新的共享公共数据层，将减少公司与客户之间存在的贸易壁垒，“有一些公共公司会为这一领域建立一些基础设施，我们会对这样的公司进行一些投资，OpenBazaar 就是其中之一”。

穆贾雅和伯翰都认为 OpenBazaar 的发展及其去中心化商业的基础理念都与比特币和区块链的发展密切相关。支持该项目的人说他们不支持该技术被非法贸易利用，因为 OpenBazaar 的去中心化市场理念会促使人们将其作为暗网市场，最终会像“丝绸之路”那样衰败。伯翰承认该协议确实可以支持暗网市场的运营，但他指出 OpenBazaar 的开发人员对此不感兴趣。

高盛、IBM 追投，区块链公司 DAH 融资 6000 万美元

日期： 2016 年 2 月

公司： DAH

金额： 6000 万美元

轮次： A 轮

地区： 美国纽约

投资方： 高盛、IBM、荷兰银行、埃森哲、澳洲证券交易所、法国巴黎银行、Broadridge 的金融解决方案部门、花旗银行、CME Ventures、德意志交易所集团、ICAP、桑坦德风投、证券托管清算公司（DTCC）、PNC 金融服务集团

纽约区块链创业公司数字资产控股公司（Digital Asset Holdings）确认了投行界巨无霸高盛和蓝色巨人 IBM 也加入了其最近的一轮融资，这使得这轮融资的总金额上升到了 6000 万美元。

在这之前，该公司正在和摩根大通合作开展区块链试验项目，现在它已经获得了 14 家金融机构的支持。这轮融资也标志着高盛参与比特币和区块链领域的第二笔公开投资，上一笔发生在 2015 年，高盛领投了比特币服

务提供商 Circle 的 5000 万美元融资。

高盛全球联席技术主管保罗·沃克（Paul Walker）在一份声明中说道："我们相信，分布式账本技术在金融机构的全球范围交易中将扮演一个变革性的角色，我们期待着与数字资产公司以及更广泛的金融和技术社区一起参与这一新兴技术。"而蓝色巨人 IBM 则是首次公开披露投资一家区块链公司，目前 IBM 在开放式账本项目（Open Ledger Project）当中扮演了一个主导角色，这一开源计划的参与者还包括数字资产公司。

"我们很高兴能够携手开发分布式账本技术，这将允许客户来转变他们的业务，并进一步加强我们和数字资产公司的合作伙伴关系。"IBM 区块链研究负责人 Jerry Cuomo（杰瑞·库姆）表示，他还补充说："区块链拥有真正转变广泛行业的潜力，而 IBM 也将致力于使之为商业做好准备。"

用区块链技术买东西？Colu 获 250 万美元融资

日期： 2015 年 1 月

金额： 250 万美元

轮次： A 轮

地区： 以色列

投资方： Aleph Capital、Spark Capital、BoxGroup 以及 Bitcoin Opportunity Fund 参与了本轮融资

以色列初创公司 Colu 于 2015 年 1 月宣布获得 250 万美元融资，这家公司旨在通过区块链技术来分配物品的所有权。其实就是可以使用代币（token）来交易任何东西，包括汽车、艺术品及演唱会的门票。比如说你买了一场演唱会的门票，一般而言你拿到的会是一张打印出来的门票，但是现在你收到的将是一串随机数（一张加密令牌）用于验证你购买了门票，而它们是通过区块链来实现的。你将得到一组私钥，然后你就可以访问到自己的门票。Colu 会将这个代币置入一个二维码内，你可以通过自己的手机扫描后访问。因为它是数字的形式，你也可以将其传递给别人。

Colu 自称比特币 2.0，将集成多种服务和应用，能够让人们在区块链上购买和存储商品。Colu 的创始人最初从 ColoredCoins.org 起手，这是一个为比特币区块链创建数字资产的开源标准协议。Colu 就是基于这种想法的延伸，它既是开发者的 API 工具，也是一种应用，可以让消费者访问现有比特币框架上的彩色币（ColoredCoins）。它可以允许你在线购物，然后通过区块链进行验证。

Colu 的创始人 Amos Meiri（阿莫斯·梅瑞）表示："当你买了艺术品后，你将得到一个基于区块链技术的代币证书，而这种数字证书将比纸张证书保存的时间更为持久。"

附录　区块链技术名词与核心原理

一、区块链的技术要素

（一）区块与链

从技术角度看，区块链是一种利用去中心化和去信任的方式集体维护一本数据簿的可靠性的技术方案。该方案要让参与系统中的任意多个节点，通过一串使用密码学方法相关联产生的数据块（block）的每个数据中都包含了一定时间内的系统全部信息交流的数据，并生成数据指纹用于验证其信息的有效性和链接下一个数据库块。首先来看基于公有区块链讲解的两张图：

在图1中存在一个中心机构O，所有的节点要参与交易必须通过中心机构O来达成交易。

这里的中心机构O扮演了两个身份，一个是维护者的身份，即维护交易账目正常达成且真实可靠；另外一个是特权参与者的身份，即发行货币（资产）的权利。

如果我们要去中心化，那么我们应该如何做？

第一是去掉维护者这个身份，如何去掉它又能保证交易正常完成且真实可靠呢？首先，在区块链上我们只记录交易本身，而不是记录每个人的账户余额。然后，大家一起记账，都写到一个账本（区块链）上，并且每个人都保留一份总账副本。

这个问题其实分两层，第一层是一个技术问题，并且已经有成熟的解决方案了，就是使用P2P技术（BT技术），大家都来同步分布式总账本，大家发送交易直接到节点，并且通过公私钥技术来验证节点；第二层是一

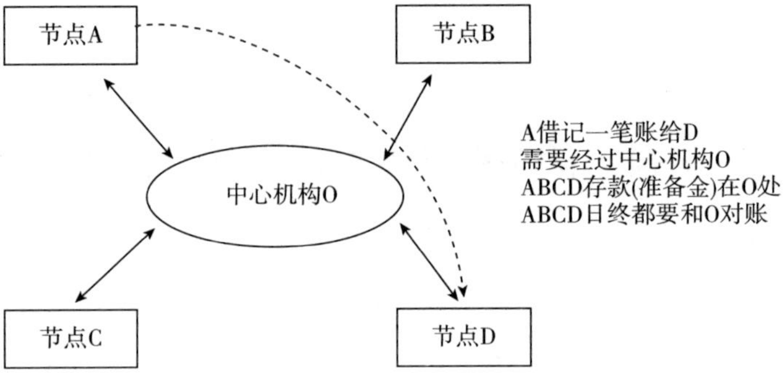

图 1　区块链原理介绍 1

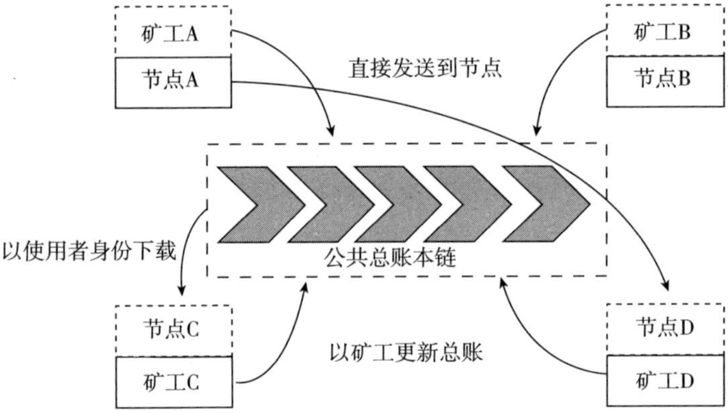

图 2　区块链原理介绍 2

资料来源：https：//www. zhihu. com/question/37290469/answer/79131321

个确认真实交易的问题，我们通过共识过程（consensus progress）来确认交易的有效性。目前有四种共识过程可以选择：工作量证明（POW）、权益证明（POS）、股份授权证明机制（DPOS）、验证池（POOL）。

第二是去掉特权参与者这个身份，如何去掉它又能保证资产的流通呢？这个问题也是一个核心问题。在公有链上，可以发行自己的虚拟货币，如 bitcoin 和 litecoin。而在私有链的实现方式里，是将资产直接数字化，可以将对应的物理实体细分所有权发行。在图 2 中节点 A 直接发交易给节点 D，所有节点一起确认并且验证交易的真实性，更新了公共总账以后，所有人再同步一下最新的总账。

这里我们将维护者的身份下放至每一个参与者手中，并且通过加密算法来保证交易真实可信，不需要对账，只需要维护一条总账就可以。

1. 区块

Header：链接到前面的块并且为区块链提供完整性

Body：包含验证了块创建过程中的比特币交易的记录

2. 链

链目前分为三类：

（1）公有区块链（public BlockChains）

公有区块链是指世界上任何个体或者团体都可以发送交易，且交易能够获得该区块链的有效确认，任何人都可以参与其共识过程。公有区块链是最早的区块链，也是（目前）应用最广泛的区块链，各大 bitcoins 系列的虚拟数字货币均基于公有区块链，世界上有且仅有一条该币种对应的区块链。

（2）联合（行业）区块链（consortium BlockChains）

联合（行业）区块链是指由某个群体内部指定多个预选的节点为记账人，每个块的生成由所有的预选节点共同决定（预选节点参与共识过程），其他接入节点可以参与交易，但不过问记账过程（本质上还是托管记账，只是变成分布式记账。预选节点的多少，如何决定每个块的记账者成为该区块链的主要风险点），其他任何人可以通过该区块链开放的 API 进行限定查询。

（3）私有区块链（private BlockChains）

私有区块链是指仅仅使用区块链的总账技术进行记账，可以是一个公司，也可以是个人，独享该区块链的写入权限，本链与其他的分布式存储方案没有太大区别。截至 2015 年底，保守的巨头（传统金融）都是想实验尝试私有区块链，而公链的应用例如比特币已经工业化，私链的应用产品还在摸索当中。

如何建立一个严谨数据库呢？区块链的办法是将数据库的结构进行创新。顾名思义，区块链就是区块加链的方式组合在一起，以这种方式形成的数据库就是我们所谓的区块数据库。区块链是系统内所有节点共享的交易数据库，这些节点基于价值交换协议参与到区块链的网络中来。

区块链是如何做到的呢？由于每一个区块的块头都包含了前一个区块的交易信息哈希值，这就使得从创始块（第一个区块）到当前区块连接在一起形成了一条长链。由于如果不知道前一区块的“交易缩影”值，就没办法生成当前区块，因此每个区块必定按时间顺序跟随在前一个区块之后。这种所有区块包含前一个区块引用的结构让现存的区块集合形成了一条数据长链。

“区块 + 链”的结构为我们提供了一个数据库的完整历史，从第一个区块开始，到最新产生的区块为止，区块链上存储了系统全部的历史数据；区块链为我们提供了数据库内每一笔数据的查找功能；区块链上的每一条交易数据，都可以通过区块链的结构追本溯源，一笔一笔进行验证；“区块 + 链 + 时间戳”是区块数据库的最大创新点，区块链数据库让全网的记录者在每一个区块中都盖上一个时间戳来记账，表示这个信息是这个时间写入的，形成了一个不可篡改、不可伪造的数据库。

（二）分散存储

分散存储是比特币的一个重要概念，它是一串使用密码学方法相关联产生的数据块，每一个数据块中包含了一次比特币网络交易的信息，用于验证其信息的有效性（防伪）和生成下一个区块。区块链技术是应用程序基础，它超越了货币本身，这些技术能促进智能交易、分布式股权发布和资产转移。在未来，区块链技术可能会给我们货币交易、资产和数据进行带来变革。

1. 分布式存储系统

将数据分散存储在多台独立的设备上。传统的网络存储系统采用集中的存储服务器存放所有数据，存储服务器成为系统性能的瓶颈，也是可靠性和安全性的焦点，不能满足大规模存储应用的需要。分布式网络存储系统采用可扩展的系统结构，利用多台存储服务器分担存储负荷，利用位置服务器定位存储信息，它不但提高了系统的可靠性、可用性和存取效率，还易于扩展。

2. 集群文件系统

是指运行在多台计算机之上，相互之间通过某种方式通信，从而将集群内所有存储空间资源整合、虚拟化并对外提供文件访问服务的文件系统。其与 NTFS、EXT 等本地文件系统的目的不同，前者是为了扩展性，后者运行在单机环境，纯粹管理块和文件之间的映射以及文件属性。集群文件系统有很多种。

（1）按照对存储空间的访问方式分类

可分为共享存储型集群文件系统和分布式集群文件系统。前者是多台计算机识别到同样的存储空间，并相互协调共同管理其上的文件，又被称为共享文件系统；后者则是每台计算机各自提供自己的存储空间，并各自协调管理所有计算机节点中的文件。Veritas 的 VxFS/VCS、昆腾的 Stornext、中科蓝鲸的 BWFS、EMC 的 MPFS 都属于共享存储型集群文件系统。而 HDFS、Gluster、Ceph、Swift 等互联网常用的大规模集群文件系统无一例外都属于分布式集群文件系统。分布式集群文件系统可扩展性更强，目前已知最大可扩展至 10K 节点。

（2）按照元数据的管理方式分类

可分为对称式集群文件系统和非对称式集群文件系统。前者每个节点的角色均等，共同管理文件元数据，节点间通过高速网络进行信息同步和互斥锁等操作，典型代表是 Veritas 的 VCS；而非对称式集群文件系统中，有专门的一个或者多个节点负责管理元数据，其他节点需要频繁与元数据节点通信以获取最新的元数据，比如目录列表文件属性等，典型代表是 HDFS、GFS、BWFS、Stornext 等。对于集群文件系统，其可以是分布式 + 对称式、分布式 + 非对称式、共享式 + 对称式、共享式 + 非对称式，两两任意组合。

（3）按照文件访问方式分类

集群文件系统可分为串行访问式和并行访问式，后者又被俗称为并行文件系统。串行访问是指客户端只能从集群中的某个节点来访问集群内的文件资源，而并行访问则是指客户端可以直接从集群中任意一个或者多个节点同时收发数据，做到并行数据存取，加快速度。HDFS、GFS、pNFS等集群文件系统，都支持并行访问，需要安装专用客户端，传统的NFS/CIFS客户端不支持并行访问。

（三）共识机制

1. 工作量证明（POW）

就是大家熟悉的挖矿，通过与或运算计算出一个满足规则的随机数，即获得本次记账权，发出本轮需要记录的数据，全网其他节点验证后一起存储；工作量证明机制（POW）不难理解，很多情况下我们都使用POW，只是不自知而已。在不考虑验证的情况下（无论是中心化还是非中心化的验证），我们可以认为任何具有概率性事件的累计都是工作量证明，如淘金。假设矿石含金量为p%，当你得到一定量黄金时，我们可以认为你一定挖掘了1/p质量的矿石。而且得到黄金数量越多，这个证明越可靠。在一些其他场合我们也可以见到POW的踪影，比如电子游戏里的胜率、K/D比率，在大量的交战中一定的胜率能说明玩家的实力。同样有些游戏里的成就系统、装备体系也是POW，一般认为成就点数高的玩家在游戏里投入越多，越不容易诈骗，有时候交易点卡要求装备等级或者成就点数也是这个道理。因此，POW要求出示一定的证明表明工作量，证明可以是直接记录也可以是以概率表示，其中对于由小概率事件累计的工作，出示结果等同于证明了工作量（因为不太可能直接得到小概率结果）。在比特币和其他类比特币的系统中，POW系统是以合乎要求的HASH（哈希）作为工作结果。由于矿工要取得合法的计算结果需要一定量的计算，因此得到合法的计算结果就可以证明完成了一定量的计算。

优点：完全去中心化，节点自由进出。

缺点：目前比特币已经吸引全球大部分的算力，其他再用 POW 共识机制的区块链应用很难获得相同的算力来保障自身的安全；挖矿造成大量的资源浪费；共识达成的周期较长，不适合商业应用。

2. 权益证明（POS）

POS 是 POW 的一种升级共识机制，根据每个节点所占代币的比例和时间，等比例地降低挖矿难度，从而加快找随机数的速度。POS（Proof Of Stake）就是"股权证明"，即直接证明你持有的份额。除了混合性的 PPC 之外，真正的 POS 币是没有挖矿过程的，也就是在创世区块内就写明了股权证明，之后的股权证明只能转让，不能挖矿。在现实世界中股权证明很普遍，最简单的就是股票。股票是用来记录股权的证明，同时代表着投票权和收益权。股票被创造出来以后，除了增发外，不能增加股权数量，要获得股票只能转让。在纯 POS 体系中，如 NXT，没有挖矿过程，初始的股权分配已经固定，之后只是股权在交易者之中流转。股权从创世区块中流出，被交易者买卖而逐渐分散化。

优点：在一定程度上缩短了共识达成的时间。

缺点：还是需要挖矿，本质上没有解决商业应用的痛点。

3. 股份授权证明机制（DPOS）

DPOS 是一种新的保障加密货币网络安全的算法。它在尝试解决比特币采用的传统工作量证明机制以及点点币和 NXT 所采用的股份证明机制的问题的同时，还能通过实施科技式的民主以抵消中心化所带来的负面效应。DPOS 背后的基本原理是给持股人一把可以开启他们所持股份对应的表决权的钥匙，而不是给他们一把能挖矿的铲子。

DPOS 的基本特点是持股人永远掌控大局，这样一来系统便是去中心化的。虽然投票的方式不够完美，但当涉及某事物（例如公司）的共同经营权时，这便是唯一可行的办法。幸运的是，如果你不喜欢公司的经营者，你可以抛售股份，而市场的反馈将促使持股人比一般群众更理性地进行投票。这样一来每一位持股人都能够选出某人，让他来代替持股人进行区块的签署（也可以称他为受托人）。任何能够获得超过1%选票的人都可以成为受托人，这些受托人便组成了“董事会”，并轮流签署区块。如果其中一位“董事”错过了签署该轮区块，客户端会自动将他的选票移走，因此错过签署区块的“董事们”将会被投出董事会，改由其他人加入。董事会成员会收到一些酬劳，以此作为他们进行竞选、担负风险、保证上线时间的工资。而他们也必须缴纳一小笔保证金，其金额相当于生产一个区块的收入的100倍。要能够达成盈利，一位董事（受托人）必须保证99%以上的在线时间。

优点：最大化持股人的盈利；最小化维护网络安全的费用；最大化网络的效能；最小化运行网络的成本（带宽、CPU等）；大幅缩小参与验证和记账节点的数量，可以达到秒级的共识验证。

缺点：整个共识机制还是依赖于代币，很多商业应用不需要代币存在。

4. 验证池（Pool）

基于传统的分布式一致性技术，加上数据验证机制，是目前行业链大范围在使用的共识机制。

优点：不需要代币也可以工作，在成熟的分布式一致性算法（Pasox、Raft）基础上，实现秒级共识验证。

缺点：去中心化程度不如比特币；更适合多方参与的多中心商业模式。

二、区块链的核心特点

（一）开放

比特币的本质是一个互相验证的公开记账系统。这个系统所做的事情，就是记录所有账户发生的所有交易。每个账号的每笔数额变化都会记录在全网总账本（区块链）中。而且每个人手上都有一份完整的账本，每个人都可以独立统计出比特币有史以来每个账号的所有账目，也能算出任意账号当前余额是多少。比特币客户端在使用时会进行大量的数据同步，它同步的就是全网总账本，这些数据保障了整个体系的去中心化和每个客户端的一切知情权。正是因为所有数据公开透明，而整个比特币软件也是开源的，任何人都可以去查看它的源代码，人们才会信任这套去中心化的系统，而不担心里面是否隐藏着什么阴谋。

开放交易的一个主要目的是将所有金融资产分散化，通过密码学加密所有的人都可以发布货币和各种金融资产。任何人都可以在开放的交易中创建数字标记，这些标记代表实际的价值。这个最具创新的特性是一旦某人发布了这个数字标记后，他就不能在全球账单中改变他们的货币或者股份。比特币交易中开放性的好处是无国界、跨境。跨国汇款会经过层层外汇管制机构，而且交易记录会被多方记录在案，但如果用比特币交易则直接输入数字地址，点一下鼠标，等待 P2P 网络确认交易后，大量资金就过去了，不经过任何管控机构，也不会留下任何跨境交易记录。

开放交易也有一些缺点，它们的表现和比特币不一样，这意味着被比特币社区所接受将更缓慢，而基于比特币系统的东西更容易被社区接受。

（二）分布式

区块链技术也被称为分布式账本技术。分布式账本从实质上说就是一个可以在多个站点、不同地理位置或者多个机构组成的网络里进行分享的资产数据库。在一个网络里的参与者可以获得一个唯一、真实账本的副本。账本里的任何改动都会在所有的副本中被反映出来，反应时间会在几分钟甚至是几秒内。在这个账本里存储的资产可以是金融、法律定义上的，实体的或是电子的资产。在这个账本里存储的资产的安全性和准确性是通过公私钥以及签名的使用去控制账本的访问权，从而实现密码学基础上的维护。根据网络中达成共识的规则，账本中的记录可以由一个、一些或者是所有参与者共同进行更新。

区块链就是这种分布式账本的底层技术，它最初是为在 2008 年实现的点对点数字现金系统比特币而设计的。区块链算法让比特币的交易可以在“区块”里集中起来，并通过密码学签名添加到现有区块组成的“链”里面。比特币账本是用分布式及“无须许可”的方式构建的，任何人都可以通过解决生成新区块所需的密码学难题从而添加一个包含交易的区块。这个系统的鼓励机制是在解决难题并生成每个区块后得到 25 个比特币的奖励。任何人只要有网络和电脑的算力，都有机会解决这些密码学难题并将交易添加到账本里，这些人被称为“比特币矿工”。挖矿的比喻是很恰当的，因为比特币的挖掘是要消耗大量的电脑运算能力，因此会带来很高的能源消耗。据估计，比特币网络运行所需的能源超过 1GW（十亿瓦特），可以与爱尔兰的电力消耗相提并论了。

分布式账本技术有潜力帮助政府征税、发放福利、发行护照、登记土地所有权、保证货物供应链的运行，并从整体上确保政府记录和服务的正确性。在英国国民健康保险制度（NHS）里，这项技术通过改善和验证服务的送达以及根据精确的规则去安全地分享记录，有潜力改善医疗保健系统。对这些服务的消费者来说，这项技术根据不同的情况，有潜力让消费者们去控制个人记录的访问权并知悉其他机构对其记录的访问情况。

现行的数据管理方案，特别是个人数据的管理，通常是在单一的机构内架设的大型传统 IT 系统。由此还会引入一系列的网络与通信系统，才能实现与外界的交流，这也增加了额外的成本和复杂性。高度中心化的系统的单点失败的概率很高。这也会带来被黑客攻击的风险，而数据经常会出现没有及时同步的、过期的或者不准确的问题。

与此相反，分布式账本天生就是很难被攻击的，因为它没有用单一的数据库去存储记录，而是保留了同一个数据库的多个副本，因此黑客攻击必须同时针对所有的副本才能生效。这个技术也具备阻止未授权修改或恶意篡改的能力，因为网络中的参与者会立刻发现账本中的某个部分被篡改了。另外，这种技术用于维护信息安全及更新信息意味着参与者可以共享数据，并确保账本的所有副本在任何时候都是与其他副本一致的。

不过，这不代表分布式账本对黑客攻击是免疫的，从原则上说，任何人只要能够找到“合法”地修改一个副本的方法，则有可能修改账本的所有副本。因此，保证分布式账本的安全性是一项重要的任务，就如确保现代社会运行所依赖的数字技术基础设施的安全性一样。

商业界很早就看到了这项技术的潜力。分布式账本提供了一种确保商品及知识产权的所有权和起源的新方法。例如，Everledger 提供了一种确保钻石身份的分布式账本，并记录从采掘、切割、销售和承保的相关信息。在这个有相当多的纸质文件被伪造的市场里，这种技术让钻石的归类更加高效，并有潜力降低诈骗的风险，以及防止“血腥钻石”（即在战乱或冲突地区开采并用于资助战争活动的钻石贸易）进入市场。

总的来说，分布式账本技术提供了一个框架，让政府可以用于减少欺诈、腐败、错误和涉及大量纸质文件业务的耗费。它有潜力重新定义政府与公民在数据分享、透明度和信任意义上的关系。对私营部门来说，类似的潜力也是存在的。

（三）总账本

可以把区块链想象成一个比特币的公共账本，这个账本：（1）里面记录着自比特币诞生以来的所有比特币转账交易（即总账）；（2）存放在互联网的各个比特币节点上，每个节点都有一份完整的备份；（3）是分区块存储的，每一块包含一部分交易记录，每一个区块都会记录着前一区块所有交易信息的哈希值，形成一个链状结构，因而称为区块链；（4）当你要发起一笔比特币交易的时候，只需把交易信息广播到 P2P 网络中，矿工把你的交易信息记录成一个新的区块连到区块链上，交易就完成了。

1. 公共账本的特征

（1）去中心化。整个账单网络不需要中心管理系统或机构，个体与个体之间能够有效实现信息共享，有效提高数据存储和运行速度。现在交易模式是交易个体将信息传输到中央服务器，再由中央服务器经过数据分析，返回到交易个体。而区块链则可以实现网络个体两两互动，交易信息就在他们之间直接传递，不再上传到中央服务器，大大降低了交易的运行时间，提高了效率。

（2）每次交易产生的账本都记录在区块链的节点上，每个账本都有完整的备份。

（3）每个账本都记录着本次交易及以前所有交易的所有信息，通过这种方式，从账本最初状态开始，每一张账单记录是公开可验证并有时序，当前每个人持有的资产数等信息都是可以被推算出来的。

（4）区块链实现了两种记录：交易以及区块。交易的是被存储在区块链上的实际数据，而区块则是记录确认某些交易是在何时，以及以何种顺序成为区块链的一部分。交易是由参与者在正常过程中使用系统所创建的，而区块则由“矿工”负责创建。

（5）当你要发起一笔交易时，需把交易信息广播到区块链网络中，“矿工”把交易信息收录并验证合法后，交易就完成了。

（6）对于试图修改或者重写交易记录的人而言，这个成本是非常高的。在数据和用户量低的时候相对容易通过，但如果数据和用户量非常大，想要通过修改就将非常困难，别人不认可，你的修改就没有意义。

2. 关于公共账本的三个问题

第一个问题：如何保证用户有足够的余额？例如你只有10个币，而你居然发起了一笔转20个币的交易怎么办？这个问题很好解决，因为区块链上记录了所有比特币交易记录，只需要回溯所有的和你账户相关的历史交易就能知道你这个账户上到底有多少余额，余额不对的账户矿工是会拒绝记录你的交易的。由此可能又会产生一个疑问，那么最初的比特币是从哪里来的呢？最初的比特币是由系统奖励给记录区块的矿工的。每一个区块在生成的时候就会在生成这个区块的矿工的账户上生成一定数量的新比特币作为奖励。

第二个问题：如何保证你的账户不被冒名顶替？这个问题也很好解决，用数字签名技术就可以了。每个比特币账户都有公钥和私钥，你发起交易的时候用私钥对交易信息签名，矿工收到信息后用公钥检查一下签名就可以。

第三个问题：那么多矿工，如何决定该由哪个矿工生成下一个区块？解决方案是这样的：中本聪设计了一个数学问题，这个数学问题会耗费大量的计算机 cpu 时间才能得出答案，同时每一次得出的答案都会作为下一次计算的初始条件。全世界的矿工一起来计算这个问题，谁先得出答案，谁就可以用这个答案生成一个新的区块，再广播到网络中。收到这个新块数据的矿工会立即停止当前的计算，用新块里的数据重新进行下一次计算。这就是所谓的“挖矿”。矿工产生的区块一旦被网络接受，他就能获得一笔比特币作为酬劳。这时要考虑一种情况：如果同时有两个矿工各自得到一个正确答案，并各自生成了一个区块广播出去会发生什么呢？这时在区块链上同一个位置就有了两个区块，所谓的“分叉”就出现了。分叉是绝对不允许的，所以当矿工发现区块链分叉之后，会选择最长的一条继续计算，短的那条区块链会被丢弃。

仔细思考下这个体系，你会发现它几乎无懈可击。首先你不能凭空造出比特币，只能挖矿获得；其次你无法伪造交易，无法控制不属于你的账户；最后交易一旦被确认，几乎无法取消。

总体来看，区块链数据库系统是一个公共总账本，全球一本账，所有的数据记录在这一本账上。比如，我们可能在不同的银行开了不同的账户，不同的银行账户被不同的银行所记账，但是没有一个系统可以提供一本总账给你。你在不同银行的所有账户到底有多少钱、欠了多少钱、每个月要付多少利息，需要你自己来计算。在区块链这个数据库，全球一本总账，这个账是公开透明的。维护、存储这个账本数据库，使用的是共识算法，这个数据库里面所有的账不是由你本人来记账，而是由第三方记账的。你本身无法篡改它，因为你的篡改不会被别人认可，除非你串通网上的所有人都帮助你记假账，这需要你控制这个网络超过 51% 的节点或者计算能力，你才可能在网上做假账，但这几乎是不可能完成的事情。如果要完成的话，成本也非常高，高到你做假账根本不划算。共识算法确保了这个数据库不可篡改，不能作伪，并且可追溯。即使50%的东西坏了，这个数据库还能继续有效地运行。同时，这个数据库的安全保障是非对称的加密算法，到目前为止，没有一个黑客有能力成功攻破过任何一个比特币账户，因为无法破解它。因此，从数据库的层面，区块链和现有金融体系及金融机构的数据库相比，具有很大的潜力和价值。

经过无数次的记账，区块链就成为一个可信赖、超容量的公共账本。

三、区块链的核心原理

（一）点对点传输

点对点技术（peer - to - peer，简称 P2P）又称对等互联网络技术，是一种网络新技术，依赖网络中参与者的计算能力和带宽，而不是依赖放在较少的几台服务器。P2P 网络通常用于通过 Ad Hoc 连接来连接节点，这类网络可以用于多种用途，各种文件共享软件已经得到了广泛的使用。P2P 技术也被使用在类似 VoIP 等实时媒体业务的数据通信中。

纯 P2P 网络没有客户端或服务器的概念，只有平等的同级节点，同时对网络上的其他节点充当客户端和服务器。这种网络设计模型不同于客户端——服务器模型，在客户端——服务器模型中通信通常来往于一个中央服务器。有些网络（如 Napster、OpenNAP 或 IRC @ find）的一些功能（比如搜索）使用客户端——服务器结构，另一些则使用 P2P 结构来实现另外一些功能。类似 Gnutella 或 Freenet 的网络则使用纯 P2P 结构来实现全部的任务。

1. 点对点传输的优势

P2P 网络的一个重要的目标就是让所有的客户端都能提供资源，包括带宽、存储空间和计算能力。因此，当有节点加入且对系统请求增多时，整个系统的容量也增大。这是只有一组固定服务器的客户端——服务器结构不能实现的，因为在上述这种结构中，客户端的增加意味着所有用户更慢的数据传输。

P2P 网络的分布特性通过在多节点上复制数据，也增加了防故障的强度，并且在纯 P2P 网络中，节点不需要依靠一个中心索引服务器来发现数据。在后一种情况下，系统也不会出现单点崩溃。

当用 P2P 来描述 Napster 网络时，对等协议被认为是重要的，但是实际中，Napster 网络取得的成就是通过对等节点（就像网络的末枝）联合一个中心索引来实现。这可以使它能快速并且高效地定位可用的内容。对等协议只是用一种通用的方法来实现这一点。

有些网络和通信渠道，像 Napster、OpenNAP 和 IRC@ find，一方面使用了主从式架构结构来处理一些任务（如搜索功能），另一方面又同时使用 P2P 结构来处理其他任务。而有些网络，如 Gnutella 和 Freenet，只使用 P2P 结构来处理所有的任务，有时被认为是真正的 P2P 网络。尽管 Gnutella 也使用了目录伺服器来方便节点得到其他节点的网络地址。

2. 点对点传输应用

宾夕法尼亚州立大学的开发者联合麻省理工学院、西蒙弗雷泽大学的研究人员，还有第二代互联网 P2P 工作组，正在开发一个 P2P 网络的学术性应用。这个项目被称为 LionShare，是基于第二代网络技术，更详细地说是 Gnutella 模型。这个网络的主要目的是让众多不同学术机构的用户能够共享学术材料。LionShare 网络混合了 Gnutella 分散的 P2P 网络和传统的 C/S 网络。这个程序的用户能够上传文件到一个服务器上，不管用户是否在线，都能够持续地共享。这个网络也允许在比正常情况下小得多地共享社区中使用。与当前正在使用的其他 P2P 网络的主要不同是，LionShare 网络不允许匿名用户。这样做的目的是防止版权材料在网络上共享，这同时也避免了法律纠纷。另一个区别是对不同用户有选择性地共享个别的文件。用户能个别选择哪些用户可以接收这一个文件或者这一组文件。学术社区需要这种技术，因为有越来越多的多媒体文件应用在课堂上。越来越多的教授使用多媒体文件，如音频文件、视频文件和幻灯片。把这些文件传给学生是件困难的任务，而如果用 LionShare 这类网络则容易得多。

（二）分布式公共网络

分布式计算技术处于多种方案并存的现象，RMI（远程方法调用）是平台独立的，但它不是编程语言独立的技术，客户机和服务器代码必须用 Java 来编写；对于 DCOM，它语言虽然是独立的，但平台不是独立的，虽然程序可以使用许多不同的编程语言，但是它只能运行在 Microsoft 家族的操作系统上。CORBA 同时能够做到编程语言和运行平台的独立性，但是基于 CORBA 的系统必须通过 ORB 进行通信。于是就出现了 SOAP 这样一种不捆绑任何一种硬件平台、操作系统、编程语言或网络硬件的分布式计算方案。

分布式网络拓扑结构一般呈网格状，和集中式网络结构不同，节点间不再是点对点的通信方式。通信方式的这种改变使得客户机/服务器的网络模型和网络的计算信息处理模型更易于分布式地实现。在分布式网络结构中，数据处理中心的概念已经淡化了，因为每一个网络站点既是网络服务对象又是网络服务提供者。

1. 分布式网络结构和集中式网络结构相比的优点

（1）电缆长度短，连线容易。因为任何一个想入网的计算设备只需就近连入网络，而不必直接连到中央节点。

（2）可靠性高。网状拓扑结构保证了冗余度，因为在任何两个节点之间至少有两条链路，所以当一个站点失效或者一条链路中断时，网络其他站点的通信不受影响。

（3）易于扩充。增加新的站点（site）可以在网络的任何点将其接入。

2. 分布式网络结构的缺点

（1）建网复杂，网络难于管理。

（2）故障诊断困难。分布式结构的网络不是集中控制，故障检测只能逐个检查各个站点。

（3）需要更多的网络技术人员和管理人员。因为各个站点彼此分散，而且每个站点的维护、管理工作都不简单；需要配备网络专业技术人员定期进行维护，有必要的话还需专职人员进行日常维护和管理。

（三）加密货币发行

1. 虚拟货币分为非加密货币和加密货币

（1）非加密货币是由公司或者私人自我固定发行，可无限发行，不需要通过计算机的显卡运算程序解答方程式获得。知名的虚拟货币如百度公司的百度币、腾讯公司的Q点、盛大公司的点券、新浪推出的微币（用于微游戏和新浪读书）等，因为其依据市场需求可无限发行，所以不具备收藏及升值价值。

（2）加密货币不依靠法定货币机构发行，不受央行管控。它依据全世界的计算机运算一组方程式开源代码，通过计算机显卡、CPU大量的运算处理产生，并使用密码学的设计来确保货币流通的各个环节安全性。基于密码学的设计可以使加密货币只能被真实的拥有者转移或支付。

（3）加密货币与其他非加密虚拟货币最大的不同是其总数量有限，具有极强的数量稀缺性。因为这一组方程式开源代码总量是有限的，必须通过计算机显卡的运算才可以获得。

（4）正因为加密货币总量有限，具有稀缺性，所以开采越多，升值越高，就好像地球上埋在地里的黄金，数量有限，永不贬值。我们计算机运算方程式代码的这一个运算过程就好比在金矿挖矿。

（5）加密货币长什么样子：通过挖矿开采出来后，加密货币就是一串代码，跟人民币左下角的那一串序列号一样，谁拥有这一串序列号，谁就拥有这一加密货币的使用权。

2. 加密数字货币的核心是其能成为各国货币之间的媒介

它最终起到的是“国际物联网、贸易之间的结算、结汇”作用。虚拟货币之所以引起全球众多领域的关注，是因为它正在制造一个全球的快流通，并且流通领域越大、范围越广、其使用价值越高。因此虚拟货币的发行必须是在全球化领域发行。并且，从公司平台上能看到流通领域和市场份额，发行商亦正在通过努力拓宽其流通领域的市场空间或平台向此目标迈进。

3. 加密数字货币流通必须经得起各国法律的推敲和考证

比如虚拟货币发行不能成为恐怖主义、非法组织机构洗钱、逃税漏税的工具，虚拟货币发行从长远趋势看必须能被轻松纳入各国金融体系和税收管理，虚拟货币才有足够的市场空间和升值空间。这就要求虚拟货币发行管理必须实名化登记，类似比特币之类的匿名发行方式将成为其去中心化发展的一大障碍。

4. 加密数字货币的发行是一种突破

加密数字货币的发行有利于增加社会融资渠道、降低国际融资门槛、拓宽社会融资市场，其直销繁衍的众筹方式是从社会底层收入抓起的一种经济方式。其最大的助益是缩小贫富悬殊，提倡人人参与，为社会各界提供一个共荣的平台。因此虚拟货币发行模式必须受众面够广。比特币价格高企，已经不适合一般人去投资，而易物币的发行模式受众面更广，对推动底层经济较为助益。

5. 投资者、大众消费者、使用者必须有货币战争的意识，有全球性视野

因为各国都寄希望于自己国家的虚拟货币能充当未来支付媒介系统，毕竟这是一场全球化领域的经济战。虽然从表象看虚拟货币目前是介于企业之间的战争。但从实质看，虚拟货币已经成为国家与国家之间主导的一场暗战。

（四）去中心化

去中心化可能会在某些领域具备巨大竞争优势。去中心化不代表没有中心，只是将中心从“人”这种不可控的因素中外移至可控并且中立的因素中，这样之前的竞争优势就不会存在。因此从某种意义上来说，去中心化是一个“降权”的操作，同时对于个人而言可控性更好。经过这样的操作后整个网络形态会成为一个“细胞组织”，它们互相很难受到影响，因

而更加稳定，但同时面临了新鲜空气进入困难的问题。去中心化是一个社会学操作，但是更优秀的处理思路可能会来自生物学或者其他学科。去中心化对中层用户更有价值，中层用户可以通过迅速成长，拥有自己的话语权。去中心化的益处在于，能够伸展出更多有价值的小中心，有人的地方就必然有中心，只是聚合半径大小的问题。

1. 去中心化的优点

（1）可适应性——就像人的脑袋一样，即使部分区域失去效果（像失忆和失语），但不影响脑袋的整体运行，部分不影响整体。

（2）可进化性——像 DNA、电脑系统一样可以不断升级。

（3）无限性——这是一套并行运行系统，所以会有冗余部分，它的自我延伸性和自动繁衍性是永无止境的。

（4）弥补性——无规则组合会产生无数的可能性，同时又不强调个体的重要性，就算个体有缺陷和不足也不会导致整体的不足。

2. 去中心化的缺点

（1）并非最优——存在冗余又没有中央控制，有时效率是低下的，资源分配是混乱的。如蚂蚁搬家时的混乱，但它最终又会走向有序。

（2）不可控制——没有绝对领导和权威，所带来的后果就像放出去的羊，被狼吃掉的可能性很大。也像癌细胞，你永远杀不死它，它会自动调整。

（3）不可预测——像微博上的一件小事件，通过这种网状传播，它的效应被无限扩大化，成了流行或热点事件。

（4）不可知——分布式的去中心化是一种横向因果关系，A 影响其他，其他影响 A，一切像网一样散开传播和产生影响。

（5）重启效应差——点火系统很好，但机械的预热时间很长，并且要有足够的影响力和传播率。每个个体必须找回到自己的所在位置，各就各位才行。

参考文献

[1]拜占庭将军问题[G/OL]. 维基百科 . https://zh. wikipedia. org/wiki/.

[2]微软亚洲研究院 . 莱斯利兰伯特荣获 2013 年图灵奖[EB/OL] . http://msra. cn/zh-cn/news/features/leslie-lamport-turing-20140327. aspx.

[3]兰伯特等 . 拜占庭将军问题[EB/OL]. http://research. microsoft. com/en-us/um/people/lamport/pubs/byz. pdf.

[4]中本聪 . 比特币:点到点的电子现金系统[EB/OL]. https://bitcoin. org/bitcoin. pdf.

[5]Blockchain. 比特币区块链中最近开采出的区块[EB/OL]. https://blockchain. info/.

[6]https://bitcointalk. org/

[7]http://coinmarketcap. com/

[8]千家驹,郭彦岗 . 央行数字货币猜想[EB/OL]. http://quant. dataguru. cn/article-9074-1. html.

[9]肖风 . 区块链来了,数字货币逼近,美国英国德国早已行动,中国跟进[EB/OL]. http://www. thepaper. cn/newsDetail_forward_1453413.

[10]董俊峰 . 美国的 Fintech 与中国的互联网金融有何不同[EB/OL]. http://finance. eastmoney. com/news/1373,20160314603873932. html.

[11]华尔街见闻 . 全球 Fintech 公司商业模式梳理:用这四条策略你就能赢[EB/OL] . http://money. 163. com/16/0304/17/BHB52S6L00253B0H. html. 数据来源 CB Insights data.

[12]区块链 1. 0:货币[EB/OL]. http://www. 8btc. com/blockchain-and-currency.

[13]区块链 2.0:智能合约[EB/OL]. http://www.8btc.com/blockchain-smart-contract.

[14]巴比特. R3CEV[EB/OL]. http://www.8btc.com/r3cev.

[15]有史以来规模最大的区块链试验,R3 说这只是个开始[EB/OL]. http://www.8btc.com/r3-blockchain-trial.

[16]printemps. 巴比特[EB/OL]. http://www.8btc.com/r3-add-12.

[17]printemps. 巴比特[EB/OL]. ING 高管:我行全面探索区块链,如无效果则放弃 http://www.8btc.com/ing-blockchain.

[18]超级账本(HYperledger)技术委员会成员首度曝光[EB/OL]. http://www.8btc.com/hyperledger-tsc.

[19]巴比特[EB/OL]. http://www.8btc.com/wall-street-blockchain-2.

[20]国际汇款三大便利新路径银行汇款哪家最省钱. 理财周刊[EB/OL]. http://baike.so.com/doc/5409553-5647579.html, western union.

[21]银行结算系统[G/OL]. 百度百科. http://baike.baidu.com/subview/61075/13876198.htm

[22]瑞波币追随比特币来中国淘金[EB/OL]. http://finance.qq.com/zt2014/focus/ripple.html.

[23]瑞波币[G/OL]. 360 百科. http://baike.so.com/doc/9504067-9847602.html.

[24]证券结算[G/OL]. 百度百科. http://baike.baidu.com/link? url = TfntnBRcnWnRHUZjUR16yFM5lrkhmgbqM5yMZfXIBpmeBXy6Z5fwj9UER5IHmY68.

[25]证券清算[G/OL]. 百度百科. http://baike.baidu.com/link? url = cpx7dli6HXrj3h-zb27NVHX3ifHoKnCpnLObt7Ov3rZNJn7Ma_K5JqifEk9dR2FKGSlzk cZ3z91PNph9kIc9Dq.

[26]丁化美,费兰静. 国际证券交易结算方式比较[EB/OL]. http://finance.jrj.com.cn/2011/04/2510339813149-1.shtml.

[27]巴比特. 区块链在资本市场应用的深入探讨[EB/OL]. http://

www. 8btc. com/blockchain-in-capital-markets.

[28]区块链咨询．德勤为央行做的区块链报告都说了些啥[EB/OL]. http://www. 8btc. com/535352.

[29]Adrian Lee ,KiHoon Hong. 区块链技术变革股票市场交易的挑战和局限[EB/OL]. http://chainb. com/? P = Cont&id = 288.

[30]Anna Irrera. 区块链帮助实现股票 T + 0 交易后面临的 5 个难题[EB/OL]. http://chainb. com/? P = Cont&id = 324.

[31]2014 年国内数字货币行业发展报告[EB/OL]. http://iof. hexun. com/2015-02-28/173620489 _ 8. html. http://chainb. com/? P = Cont&id = 235.

[32]股权众筹模式风生水起[EB/OL]. http://mt. sohu. com/20150731/n417921784. shtml.

[33]郭勤贵．中国式股权众筹二十大问题[EB/OL]. http://iof. hexun. com/2015-09-02/178807796. html.

[34]Entrepreneur. 加密股权:未来众筹领域新风向标[EB/OL]. http://www. weiyangx. com/43318. html.

[35]区块链上的 P2P 票据交易所呼之欲出[EB/OL]. http://www. tui18. com/a/201601/28109754. shtml.

[36]2015 年票据市场分析及 2016 年票据市场展望[EB/OL]. http://news. 163. com/16/0115/16/BDCQKHRT000146BE. html.

[37]去官僚化的信贷革新者:第一家比特币 P2P 借贷平台 BTCJam[EB/OL]. http://36kr. com/p/218242. html.

[38]农行 39 亿后,区块链上的 P2P 票据交易所呼之欲出[EB/OL]. http://www. sinotf. com/GB/News/1001/2016-02-12/0NMDAwMDE5NzY0NA. html.

[39]审计的基本定义[G/OL]. 百度百科．http://baike. baidu. com/link? url = vYE13vIZZViZbA9e3A-sO12ZvbWv1kAVJIISBTOnbulRegO zBjYC-

BY5xlqAe0xjb8mCIg203swyZsLyDD86j78BsEQncVh1QM3L2QFt7KpS.

[40]社会审计的定义[G/OL]. 百度百科 . http://baike. baidu. com/link? url = IiDTX4NqPk0bLFeUl5KvWNBPTyDWEwF6fXrWRRshZf2RPFaWDo0bp7cxISbsF4_n

[41]安然、安达信事件冲击波的思考[EB/OL]. http://lxp. cai. swufe. edu. cn/245. htm.

[42]“区块链”技术深刻影响金融业[EB/OL]. http://it. sohu. com/20160111/n434175506. shtml.

[43]熊纯倩. 德勤试验区块链技术,提升客户审计服务[EB/OL]. http://www. 8btc. com/deloitte-blockchainhttp://finance. huanqiu. com/zl/2015-10/7789840. html.

[44]熊纯倩. 德勤试验区块链技术,提升客户审计服务[EB/OL]. http://toutiao. com/a4723987774/

[45]Alex Fowler. 比特币公司 Blockstream 与普华永道达成战略合作关系[EB/OL]. http://www. 8btc. com/pwc-and-blockstream.

[46]去中心化[G/OL]. 微百科 . http://www. baike. com/wiki/.

[47]Florian Glatz. 什么是智能合约? 智能合约解析[EB/OL]. http://www. wanbizu. com/baike/201412144027. html.

[48]Richard Brown. 一个简单的智能合约模型[EB/OL]. http://www. 8btc. com/model-smart-contracts.

[49]Michael Halloran. 银行业之后,区块链又要颠覆物联网[EB/OL]. http://www. 8btc. com/blockchain-and-the-internet-of-things.

[50]Kyle. Rootstock 与以太坊的战斗究竟谁能胜出[EB/OL]. http://www. 8btc. com/rootstock-contests-ethereum-for-smart-contracts-domain.

[51]巴比特[EB/OL]. http://www. 8btc. com/lightning-network.

[52]Peterhon. 闪电网络与以太坊结合建立支付渠道的构想及其前景[EB/OL]. http://www. 8btc. com/ethereum-lightning-network.

[53] John Ratcliff. 闪电网络非常伟大,但它也面临各种类型的问题[EB/OL]. http://www.8btc.com/lightning-network-so-great.

[54] 199IT. 分布式账本技术:超越区块链[EB/OL]. http://mini.eastday.com/a/160313145632859.html? btype = index&subtype = keji&idx = 0&ishot =0.

[55]什么是中心化和去中心化[G/OL]. 知乎. http://www.zhihu.com/question/19744551.

[56]区块链的原理是什么[G/OL]. 知乎. http://www.zhihu.com/question/31112808.

[57]区块链[G/OL]. 百度百科. http://baike.baidu.com/link? url = NbsbjLMO_KBpiY1vIFCAewEtIsCvjiu_UrQbeBwb27CqOrZqGxo2nzdrpBHYuXKoE52fv2AJr-mj6V9sU0TrJK.

[58]区块链是什么,如何简单易懂地介绍区块链[G/OL]. 知乎. https://www.zhihu.com/question/37290469/answer/79131321.

[59] VitalikButerin. 漫谈公共区块链和私有区块链[EB/OL]. http://news.hexun.com/2016-01-07/181654921.html.

[60] cywosp. 分布式存储及应用[EB/OL]. http://blog.csdn.net/cywosp/article/details/7453529.

[61]区块链目前用到哪些共识机制?它们各自的优缺点和适用范围是什么[G/OL]. 知乎. http://www.zhihu.com/question/30921471/answer/79209219

[62]点对点传输[G/OL]. 百度百科. http://baike.baidu.com/link? url = YPNc-zBJ2buwyr1P-mW5LqIuhqgbc4oUs3J-lEpkUZjpO-ZEapPl5gfPBgoTSC fSOPasg7AxbXhOqDHtD_JRV_.

[63]分布式公共网络[G/OL]. MBA 智库百科. http://wiki.mbalib.com/wiki/.

[64]什么是加密货币[EB/OL]. http://blog.3g.cnfol.com/tytdcyl/article/1446618905-109158811.html.